オーナー社長のための

資産形成入門

菅沼 勇基
Suganuma Yuki

クロスメディア・パブリッシング

はじめに

本書は、オーナー社長に向けて収益不動産を活用した資産形成についてまとめ、具体的なノウハウをお伝えするものです。

みずから創業した、あるいは親から受け継いだ会社を維持・発展させたい、従業員の暮らしを守りたい、地域に貢献したい――オーナー社長のみなさんは、日々ビジネスに向き合っていることと思います。私自身も20代で会社を立ち上げた経験があり、創業してから数年間は寝食を忘れて必死に働き続けました。初めて契約がまとまった日のことは今も覚えていますし、シェアオフィスから卒業できた時は、事業の成長を肌で感じました。

世間的に2代目、3代目の社長はボンボンと後ろ指をさされがちですが、新たな取引先を開拓したり、新規事業がヒットしたことで、やっと周りから認められた方もいると思います。いずれにせよ、小回りが利き、自分の目が届く範囲であらゆる業務に関わりながら従業員とともにビジネスに取り組めるのは、オーナー社長の醍醐味です。

一方、経営に関する悩みが絶えないのも、オーナー社長ならでは。近年は産業構造が目まぐるしく変わり、「このままでよいのか？」と自問自答していないでしょうか。私にはそういった経験があり、まったくの異業種に進出したこともありました。ただし、結局はうまくいかず、今はすべてを手放してしまいました。振り返っても苦い思い出です。

もっとも怖いのは経営者の個人保証です。事業がコケて融資の返済ができなくなると身ぐるみを剥がされ、一家が路頭に迷ったり離散することも……。今は何とかなっていても、先々はわからないというジリジリとした危機感は、頭から離れません。会社が傾けば銀行や取引先、従業員からそっぽを向かれるかもしれないといった、漠然とした不安もつきまとうでしょう。かといって経営者とは孤独なもので、相談相手はいません。ストレス解消のため飲みに出たりゴルフに出かけようものなら「うちの社長は遊んでばかり」と陰口を叩かれるというのも、よくある話です。「ストレスやプレッシャーを共感してくれない」と、さらに孤独を深める社長も少なくありません。

中小企業ゆえの苦労は尽きません。よくあるのは、下請けいじめです。近年は人件費や資材高騰の煽りを受け大手企業も財布のひもを締めがちで、サプライチェーンの下流にお金が流れにくくなっています。それを示すかのように、自動車業界では下請けに対する代金を不当に減額して公正取引委員会から是正勧告を受けたり、建設業界でもインフレを加味しない代金の支払いが問題視されています。これらの業界に限らず、コストを価格に転嫁できない、給与を上げられないなど、中小企業ならではの課題は常につきまといます。

実際のところ、中小企業を取り巻く経営環境は厳しさを増しています。東京商工リサーチの調べによると、2023年度の全国の倒産件数は9053件で、前年比で31・58%増、負債総額は2兆4630億円にのぼることに。24年5月の全国倒産件数も同年前月比42%増の1009件で、月次で1000件を超えるのは13年7月以来のことです。コロナ禍ではゼロゼロ融資（実質無担保・無利子）などにより中小企業は手厚く守られましたが、コロナが収束し返済が重荷になり、倒産を選ばざるを得ない企業が増えたのが実態です。

休廃業・解散を選ぶケースも増加しており、昨年は前年比0・3％増の4万9788件でした。これは2000年以降に東京商工リサーチが調査を開始して以降、最多だった20年（4万9698件）を上回り、過去最多を更新した格好です。コロナ禍で実施された各種支援策で倒産は抑制されましたが、感染症分類が5類に移行し支援策も縮小するなかで、市場からの退出が加速したと同社は分析しています。近年の人件費や原材料価格の高騰も影響したようです。

なかでも、少子高齢化社会に伴う人材不足は深刻化し、採用難に直面している中小企業が多く見受けられます。給与や福利厚生の面で大企業に劣ることもあり、優秀な人材の流出に歯止めが利かない企業もあるでしょう。自身が年齢を重ねるなか、後継者の選定・育成にも取り組まないといけません。多忙なスケジュールや経営のプレッシャーは常につきまとい、ストレスフルな日々を送っている方もたくさんいます。

多くの収入があったとしても、税負担や相続の悩みも絶えません。中小企業のオーナー社長は会社と個人の財布の境界が曖昧で、経営が傾けば役員報酬を減額したり、個人資産から補填せざるを得ないこともあります。周囲からは多額の報酬を受け取っている、左団扇で暮らしていると思われがちですが、まったくの誤解だと思う方は多いに違いありません。ふたを開けると資産は自社株程度で、収入が上下しやすいからこそ、長期の資産形成に取り組むモチベーションもわきづらいといえます。

こうした状況下で、どのように事業や雇用を継続し地域に貢献するのか、一方で自身の老後の暮らしはどうなるのかなど、社長と個人の立場で板挟みになっている読者はたくさんいると思います。本書はその打開策であったり、自身の生活を守るための手段として、収益不動産を活用した資産形成を提案するものです。具体的には、賃貸物件の購入による節税、売却や賃料収入による収益の複線化を通じて、会社の経営基盤や個人の経済基盤を改善することをオーナー社長にお勧めします。

ただし、単に「不動産投資を始めて儲けましょう」という売り込みは目的としていません。大切なのは本業以外の収入を得ることで前向きになったり、新たな挑戦ができた、ストレスやプレッシャーから解放され本来の自分を取り戻せた、本当にやりたいことを始められたなど、みなさんがポジティブで豊かな人生を送れるようになることと。マインドセットを変えてほしいというのが、最大の目的です。そのためのツールとして不動産を活用してくださいというのが、私の考えです。

不動産投資が事業売却を後押しした

なぜ不動産投資なのか。それは私自身が不動産投資を実践することで、起業家として大胆な挑戦をしたり、事業を売却する一因になるなど、中小企業経営者としてアグレッシブに動くことができたからです。オーナー社長ゆえの悩みから解放されるきっかけになったのです。

私は横浜市内で生まれ育ち、横浜市立大学国際総合学科を卒業後、大手不動産会社に入社し、オフィスビルの開発・運営業務、新事業の開発業務に携わりました。その後は収益物件の扱いに特化した不動産会社を経て、27歳を迎えた2012年12月に横濱コーポレーションを設立しました。主な事業は神奈川県を中心とする収益不動産を活用した、資産形成・保全のサポートです。顧客の多くはオーナー社長や士業をはじめとする富裕層で、不動産により安定的な収入を得るお手伝いをしています。

多くの方から支持されているのは、同業者と一線を画したサービスを提供しているからです。

例えば、売買・仲介するのは独自のルートで仕入れた神奈川県及び東京の城南地区（港区・品川区・目黒区・大田区）の未公開の物件のみ。不動産業界はアナログな世界であり、優良な物件は不動産業者間の水面下で取引が行われます。当社はそういった質の高い川上物件を仕入れ、顧客に紹介しています。

不動産投資を行うには融資がつきものですが、当社には複数の金融機関とコネクションがあります。顧客が最善の条件（金利、融資期間、自己資金）で資金を調達できるよう調整し、物件購入後の賃貸経営・管理および出口戦略（売却）も一貫してサポートします。

また、不動産経営には節税対策やリスク保全のための各種保険対応、法的トラブル対応など、多くの専門知識が求められます。トラブルを未然に防ぎながら安定した不動産経営をしていくために各分野の専門家とのネットワークを整え、顧客の要望に応えるサポート体制も用意しています。

こうした差別化を強みに、24年8月の決算では売上高75億円、経常利益7億円を達成しました。今では年間で100棟近くの物件を扱っていますが、これは神奈川県内の事業者ではトップの成績です。

20代の若造が立ち上げた会社であり、苦労がなかったわけではありません。創業時のメンバーは私を含めたった2人で、どうすればライバルに立ち向かえるか考えに考えました。ちなみに「横濱コーポレーション」の社名を「横浜」ではなく「横濱」にしたのは、その方が歴史のある会社だと思ってもらえると考えたから。横浜市のシンボルである「横浜ランドマークタワー」にオフィスを構えたのも、「立派な会社」と印象付けるためです。実情はシェアオフィスだったわけですが。

創業者にとって、会社は我が子のようなもの。成長を実感するたびに喜びは絶えませんでしたが、当然ながらプレッシャーもありました。ところが今は大きく不安が軽減し、穏やかな気持ちで毎日を過ごしています。なぜかというと、19年9月に同業である三光ソフランググループに当社の事業を売却し、現在はいわゆる「サラリーマン社長」の立場になったことが大きな理由です。

頑張って規模を大きくし、まだまだ成長余地のあった会社を、なぜ売ってしまったのか。18年に起き社会問題として注目された「かぼちゃの馬車事件」がそのきっかけです。これにより、事業の先行きに不安を感じ、このままでよいのか、自身の身の振り方に疑問を感じました。

ご存じかもしれませんが、同事件はシェアハウスの建設・管理に関わる企業が経営破綻し、オーナーへの賃料が未払いになったという出来事です。その背景には金融機関による巨額不正融資も絡んでおり、これを機に銀行が一斉に融資を厳格化するなど、不動産投資をめぐる環境が一変しました。その頃、当社は約30棟の在庫を抱えており、「顧客への融資が下りず物件が売れなくなるかもしれない」という恐怖感が芽生え、このビジネスモデルに対する不安が一気に高まることに。不動産事業の一本足打法ではまずいと考え、収益の複線化を図るため医療や人材紹介など、異業種のM＆Aにも取り組みました。ところが、傘下に収めた企業から反発されるなど経営は難航し、気苦労ばかりが増すことに……。ほとほと疲れていたところ、ある経営者から「オーナー社長が辛いなら、事業を売って楽になってみては？」とアドバイスを受けたのです。当初は葛藤しましたが、そうすることで肩の荷が下り、より事業に取り組める、従業員や顧客にとって有益なビジネスができると考えるようになり、三光ソフラングループへの加入を決意しました。

事業売却を決断した理由の一つは、私自身が複数のマンションやアパートを経営しており、本業とは別に安定的な収入を確保していたから。また、事業を売却すれば多額のキャッシュも手に入るので、当面の暮らしも問題ないと考えました。何よりも、先行きの見えないビジネスでほとほと疲れていて、プレッシャーから解放されたい気持ちが大きかったと思います。本来であればオーナー社長を辞めた時点でＦＩＲＥ（Financial Independence, Retire Early：経済的自立と早期リタイア）しても良かったのですが、手塩に掛けて育てた会社なので愛着があります。結果として社長として会社に残りましたが、今は経営者としての仕事に集中できるようになり、ストレスなくフラットにビジネスに向き合えるようになりました。

収益不動産を〝パラシュート〟として活用してほしい

間違えないでいただきたいのは、本書はオーナー社長に対して事業を売ることを推奨するものではありません。選択肢の一つであるのは確かなことですが、不動産を活用した資産形成により本業のストレスを減らしたり、法人や個人で節税策を講じたり収益を増やすことで事業の継続性を高めてほしいと考えています。家賃収入という新たな収益源が生まれると経営は安定しますし、それを活用し新たな挑戦ができるかもしれません。

オーナー社長にとって自由になるお金が毎月手に入るメリットは極めて大きく、既存事業への投資、新規事業の創出、さらには個人の資産形成など、いくらでも使い道はあります。なかには「家業だから仕方なく継いだけど、本当は他のビジネスをしたかった」という方もいるでしょうが、そういったチャレンジのきっかけになるかもしれません。より前向きに、アグレッシブな自分自身になるための手段として、不動産を活用してほしいと願っています。不動産をリスクヘッジに使うことから、私はこの手法を〝パラシュート機能〟と呼んでおり、みなさんにも私と同じように、収益不動産をパラシュートにすることで、大胆であったりポジティブな決断や行動につなげてほしいと考えています。

不動産投資に明るくない読者もいることも想定し、本書では基本的な仕組みやメリット・デメリット、具体的な戦略について解説しています。当社でお手伝いしたケーススタディも取り上げているので、読後には身近で実践しやすいと感じていただけるはずです。

何より、私自身が創業者・元オーナー社長であり、今も組織をけん引する立場です。中小企業の経営者としてのやりがいや醍醐味、辛さを経験しており、実体験をもとにノウハウを説いているので、みなさんに共感していただける部分は多いと思います。不動産投資で儲けましょうというよりはオーナー社長を応援したい、その手段としての不動産投資について理解を深めてほしいというのが、本書の目的です。

日本経済を支えているのは中小企業です。その経営者であるみなさんが元気になり、豊かな人生を送るための一助になれば、著者としてこれほどの幸せはありません。

2024年9月　菅沼　勇基

目次

第2章
不動産投資で安定収益を得るための基本

第3章

“雪だるま戦略”で安定収益を拡大していく

第4章

木造築古物件を活用し所得にかかる税を軽減する

第5章

［応用編］入居率100％を目指す賃貸経営のノウハウ

第6章

オーナー社長の不動産投資ケーススタディ

カバー・本文デザイン　佐々木博則（s.s.TREE）
本文DTP　吉野章（bird location）
編集協力　仲山洋平、大正谷成晴

第1章

オーナー経営者は不動産投資で〝自由〟になれる

定期的な安定収益は「配当・分配金」と「家賃収入」だけ

定期的かつ安定的な収益は、オーナー社長にとって喉から手が出るほど心強い存在です。確実に手に入るお金があれば本業に集中できますし、設備や人材に投資する余裕も生まれます。それこそ人材獲得や流出に課題があるなら、採用や育成、福利厚生に資金を回しやすくなります。事業の選択肢だって広がるに違いありません。社長個人としても本業にプラスして入ってくるお金があると心に余裕が生まれ、生活も安定します。

「先立つものは金」ではありませんが、企業や個人にとって定期的かつ安定的な収入ほどありがたいものはありません。そのことは、誰も否定しないのではないでしょうか。

では、これを実現するための具体的な手段ですが、私は「株式の配当・投資信託の分配金」と「収益物件の家賃収入」の2種類に集約されると考えています。どちらも資産を保有することで得られるのが特徴ですが、ともにメリット・デメリットがあることも事実です。

例えば、株式や投資信託は流動性が高いので換金しやすく、価格の上昇によるキャピタルゲインも期待できます。一般的に物価と企業業績は連動しやすく、インフレヘッジの手段として使うことも可能です。NISAやiDeCoといった制度を通じて購入すると、税金が優遇されるのもメリットです。

ただし、株価や投資信託の基準価額は市場の変動に左右されるため元本割れのリスクがあり、企業業績や経済状況により減額・減配されたり、支払われなかったりするリスクが生じます。何より、単元当たりの配当・分配金はそれほど大きくなく、それなりの収益を得るためには、元手が必要です。

一方の家賃収入ですが、長期的な賃貸契約により安定した収益源を確保しやすいのは、非常に魅力的です。

また、不動産は物的資産なので所有する安心感があり、好立地の物件であれば資産価値も維持しやすいといえます。地価の上昇に伴い、キャピタルゲイン（物件売却時の値上がり益）を狙うことも可能です。詳しくは後述しますが、減価償却をはじめとする税制上のメリットを受けられるケースもあります。

ただし、実物資産の不動産は流動性が低く、売りたいときにすぐ現金化できるわけではありません。物件の管理やメンテナンス、賃借人の募集や対応など運営に手間とコストがかかり、空室が続くと家賃収入が途絶えるリスクもあります。景気が変動しても家賃は基本的にあまり変わりませんが、経年劣化で引き下げを余儀なくされることもあります。

ただし、これらの欠点に関しては、賃貸需要のあるエリアに限定して物件を購入したり、専門家である管理会社の力を借りてカバーできます。言い換えると、不動産投資のリスクはコントロールできるわけです。

このように、有価証券と不動産には双方にメリットとデメリットがあり、どちらが良いと結論付けることは難しいと思います。ただし、株式や投資信託はどうしても日々の価格変動が気になり、仕事の妨げになることもあるので、注意したいところです。株式なら高配当銘柄を保有するなど、定期的・安定的な収益を確保しやすい銘柄を選ぶのがポイントでしょう。

一方、不動産は家賃収入が振り込まれているか月に一度確認するくらいで、物件の管理・運営は管理会社に任せておけば手間はかかりません。1月当たりの稼働時間は20分程度で済み、残りの時間を本業にあてることができます。

また、不動産は数ある投資のなかでも唯一、金融機関から融資を受けることができ、レバレッジを利かせられるのが特長です。例えば1000万円の資金があるとして、株や投資信託は1000万円分しか購入できませんが、不動産投資の場合はこの1000万円を頭金として使い、残りは銀行などから借り入れを行って1億円の物件を持つことができます。資金効率の面でとても有利です。

金融機関がなぜ不動産投資にお金を貸してくれるのかというと、定期的な家賃収入が見込める不動産投資は金融機関にとっても貸し倒れのリスクが低く、収益の安定性を評価しやすいからです。融資を受けた投資家が仮に返済できなくなった場合でも、金融機関は担保として差し入れられた不動産を処分し、損失を回避することもできます。

レバレッジを活用することで、投資の効果も大きく変わります。

例えば、配当利回りが5％の株式を1000万円分購入したとして、年間の配当収入は50万円。対して1000万円の頭金で買った1億円の物件の利回りが5％なら、年間の家賃収入は500万円にものぼります。ちなみに当社の場合は利回り7％前後の物件をメインに扱っており、年間の家賃収入は700万円。融資の返済をしても200万円くらいは手元に残ります。

さらに、同じ1000万円の投資でも、有価証券と不動産では効率が大きく異なります。ならば、まずは収益物件を購入し家賃収入を得て、手元に残ったキャッシュフロー（現金）を使い物件を買い増したり、それこそ分散投資を目的とし株式や投資信託の購入に充てればよいだけの話です。

あるいは、もし1億円など潤沢な資金があるとして、そのうち1000万円を頭金にして1億円の物件を買い、残り9000万円は株式や投資信託などの金融商品に投じることもできます。

このように、レバレッジには多くの利点があり、これを活用できる不動産投資の優位性は大きいです。また、事業を営むオーナー社長は金融機関から信頼を得やすく、すでに取引関係にあるメインバンクを持っていることがほとんどです。融資を受けやすい環境にあり、その立場は大いに利用すべきです。リスクの高い事業よりも、安定的な収入が期待できる不動産投資に融資するほうが安心と考える、金融機関の担当者がいてもおかしくありません。

家賃収入や節税などメリットはたくさん

言わずもがな、不動産投資とはマンションやアパートなどの不動産を購入し、運用することで利益を得る投資です。一棟丸ごと、ワンルームなどの区分マンション、戸建て住宅、駐車場など対象は多岐にわたりますが、私の会社の場合は木造の一棟アパートの取り扱いをメインにしています。鉄筋の一棟マンションに比べると価格が安いので参入しやすく、入居者が定着してしまえば、長期的に安定した収益を見込めるのが、何よりのメリットです。

近隣の再開発などで資産価値が向上すれば売却益を得られることもあり、インカムゲインとキャピタルゲインの両方を狙えるのも、不動産投資ならではの魅力です。節税策や相続対策として活用することもでき、法人・個人にとって有益な資産形成・運用の手段といえるでしょう。

もっとも特徴的なのは先述した通り、金融機関からの融資（他人資本）を使いレバレッジを利かせられる点です。また、物件の購入後は優秀な管理会社とタッグを組めば、空室や入居者からのクレーム、設備の故障・修繕といったリスクをコントロールすることもできます。パートナー選びを間違えない限り、成功の確率は高い投資なのです。

不動産投資を経営者が始める場合は「個人で所有する」「法人で所有する」「資産管理会社を立ち上げ所有する」という3パターンが考えられ、それぞれに利点があります。例えば築古の木造物件を買えば減価償却で個人・法人が節税できるうえに、家賃収入が安定的な収益源となります。

資産を所有・管理することを目的に資産管理会社を設立し、配偶者や子どもなど親族を役員に据え役員報酬を支払えば、不動産による所得を分散することもできます。複数の資産管理会社を設立し資産を分割することで、将来の相続対策にもつながるでしょう。加えて、個人と法人では所得・利益に対する税率が異なるので、税負担を抑えることも可能です。

それぞれのパターンにより適した物件のタイプは異なり、ここを間違えるとメリットが帳消しになるので注意が必要ですが、適切に進めることでさまざまな効果が得られます。これらについては後の章で詳しく解説します。

経営者にとっての不動産投資のメリット

ここで、企業経営者が不動産投資に取り組むメリットをまとめたいと思います。

メリット①：安定収益が得られる

まず挙げられるのは、安定的な収益を得られるということ。毎月の家賃収入から金融機関への返済を差し引いたキャッシュフローがあると安心です。また、私の会社は神奈川県と東京の城南地区に絞り収益物件を紹介していますが、賃貸需要があり資産価値の維持・向上が期待できるエリアに投資をすれば、売却によるキャピタルゲインを得られる可能性もあります。保有中のキャッシュフローに加え最終的な出口で得る利益という2軸で収益物件を運営できるのも、収益の安定化に寄与します。

また、株式は株価が下落し元本割れを起こすと損切りを余儀なくされるケースがあります。対する不動産は景気変動で地価が下がったとしても、家賃収入を確保していれば赤字経営になることは、ほぼありません。保有している間に約束通り返済を進めると残債は減り続け、完済するまで持ち続けると、その後の家賃収入のほとんどが収益となります。融資期間も30年など長期を前提としているので、毎月の返済負担は決して重くありません。

ただし、複数の空室を抱え家賃収入より返済が上回った場合は、逆ザヤになるケースがあるので注意が必要です。しかしながら、エリアを厳選し優秀な管理会社をパートナーに迎え空室対策を徹底することでリスクを抑えることができ、安定的な収益を実現しやすいといえるでしょう。

メリット②：所得税・法人税に対する節税効果がある

不動産投資では、減価償却を活用した節税効果が得られます。みなさんは経営者なので減価償却の仕組みはご存じでしょうが、不動産の場合は建物と付帯設備が償却の対象となります。経年により価値が下がると見なされない土地は、対象になりません。

そして、建物は鉄骨鉄筋コンクリート造（SRC造）と鉄筋コンクリート造（RC造）なら47年、鉄骨造は34年、軽量鉄骨造は19年、木造は22年と法定耐用年数が定められています。新築物件の場合は耐用年数がそのまま減価償却期間となり、築年数が法定耐用年数の一部を経過している場合は、「(法定耐用年数−経過年数)＋経過年数×20％」、築年数が法定耐用年数を超えている場合は「法定耐用年数×20％」が減価償却期間となります。

ここで注目したいのは、築古の木造物件について。例えば築25年の物件を購入した場合の減価償却期間は「22年×20％＝４年」となり、新築や法定耐用年数の一部を経

住宅用建物の法定耐用年数

構造	法定耐用年数
鉄骨鉄筋コンクリート造(SRC造) 鉄筋コンクリート造(RC造)	47年
鉄骨造	34年
軽量鉄骨造	19年
木造	22年

出典:国税庁ウェブサイト

過した中古物件に比べて、スピード償却が可能になります。よって、築25年の木造アパートを1億円(土地5000万円、建物5000万円)で購入した場合、「5000万円÷4年=1250万円」となり、年間で1250万円を減価償却費(費用)として計上することができ、法人の収益や個人に対する高額な役員報酬などと相殺することができます。

この手法がとりわけ効果を発揮するのが、個人への節税です。日本の所得税は一年間の所得から所得控除を差し引いた課税所得と税率をもとに算出しますが、税率は累進課税制度となっており、所得

所得税の税率

課税される所得金額	税率	控除額
1,000円から1,949,000円まで	5%	0円
1,950,000円から3,299,000円まで	10%	97,500円
3,300,000円から6,949,000円まで	20%	427,500円
6,950,000円から8,999,000円まで	23%	636,000円
9,000,000円から17,999,000円まで	33%	1,536,000円
18,000,000円から39,999,000円まで	40%	2,796,000円
40,000,000円以上	45%	4,796,000円

※平成25年から令和19年までの各年分の確定申告においては、所得税と復興特別所得税（原則としてその年分の基準所得税額の2.1パーセント）を併せて申告・納付することとなります。出典：国税庁ウェブサイト

が増えるにつれ5%から45%まで高くなる仕組みです。これに住民税の10%を加えます。

オーナー社長の場合、課税所得が1000万円や2000万円を超えることもあり、その場合の税率は住民税も加えると43～55%に達することになります。課税所得が大きいと所得の半分は税金として納めないといけません。ところが、ここに不動産投資による減価償却費を計上することで課税所得を圧縮し、税率を引き下げることができます。

先ほどの例で考えると、仮に4000万円の役員報酬を得ていたとして、1250万円の減価償却費を差し引くと課税

所得は2750万円まで下がり、税率も55％から50％になります。実際は管理費や固定資産税といった諸経費、借入返済の金利もマイナス計上できるので、さらに課税所得は下がるでしょう。この節税方法は非常に効果的です。

ただし、節税目的であれば、保有物件が築古木造であり、所有者が高収入であるのが条件です。仮に法定耐用年数が長い新築物件を購入すると1年間当たりの減価償却費は少なくなり、節税には向きません。同じ1億円の木造アパート（建物5000万円）であっても、耐用年数を超えていると年間1250万円の減価償却費となりますが、新築物件の法定耐用年数は22年もあるので「5000万円÷22年≒227万円」しか経費計上ができません。つまり、不動産投資で節税効果を最大化するには新築ではなく、築古物件の所有が前提となります。

なお、減価償却を活用した節税は法人に対しても有効なので、築古の木造物件を自社で保有する手も考えられます。ただし、売り上げから減価償却費を差し引くことで帳簿上の利益が下がり、業績に悪影響を及ぼす可能性がある点は注意が必要です。

また、法人であれば新築物件を購入し高い家賃収入を得ることで、売り上げや利益をかさ上げすることができます。

例えば、1億円の新築アパートで利回りが7％なら、年間の家賃収入は700万円。融資の利息や諸経費を差し引いても200万円くらいの利益は手元に残るので、経常利益が2000万円の企業なら、不動産収益からその1割も上げることができます。本業の売り上げが厳しいタイミングなら節税よりも安定的な収益を優先し、新築物件を持つという選択肢も考えられるわけです。

節税を目的に築古物件、あるいはキャッシュフローを目的に新築物件なのか、自社にとってどちらにメリットがあるのかについては、会社の方向性や財務状況と照らし合わせて考える必要があり、顧問税理士や当社のような専門家と相談しながら決めることをお勧めします。

例えば、数年後に事業売却を検討しているにもかかわらず、多くの物件を購入するため銀行から多額の借り入れをしていたら、事業の買い手になる側は敬遠するかもしれません。戦略的に進める必要があるということです。

メリット③：資産に対する課税も対策できる

資産を現金から不動産にしておくことで課税対策にもなり、その最たるものが相続税です。

相続税は被相続人の遺産を相続する際にかけられる税金で、遺産額が基礎控除額（3000万円×法定相続人の数）を超えると課税の対象になり、法定相続分の取得金額に応じて10～55％となっています（左ページの図参照）。

不動産投資が相続税対策になるのは、現預金などに比べて相続税評価額が小さくなるためです。例えば、現金1億円を相続した場合の相続税評価額は6000万円ですが、不動産の場合は時価ではなく、土地は原則として路線価、建物は固定資産税評価額が相続税評価額として適用されます。

そして、路線価は市場価格の80％程度、固定資産税評価額は市場価格の70％程度とされるのが一般的です。仮に時価で1億円相当（土地5000万円、建物5000万円）の価値がある不動産を相続したとしても、土地は4000万円、建物は3500

法定相続分に応ずる取得金額

法定相続分に応ずる取得金額	税率	控除額
1,000万円以下	10%	―
1,000万円超から3,000万円以下	15%	50万円
3,000万円超から5,000万円以下	20%	200万円
5,000万円超から1億円以下	30%	700万円
1億円超から2億円以下	40%	1,700万円
2億円超から3億円以下	45%	2,700万円
3億円超から6億円以下	50%	4,200万円
6億円超	55%	7,200万円

出典：国税庁ウェブサイト

万円程度、合計で７５００万円ほどの評価額に圧縮されることとなり、相続税の税率も40％から30％に引き下げられます。加えて、賃貸していたり小規模宅地等の特例（被相続人の自宅用や事業用に使っていた宅地を相続する際に、一定の条件下で評価額が減額される制度）が使える場合は、さらに資産が圧縮され、相続税を節税することが可能です。

また、オーナー社長が保有する資産は、自身が経営する会社の株式である「自社株」が相当の割合を占めます。未上場株式の評価方法には事業内容が類似している上場企業の株価を参考にする「類似業種比準価額方式」、あるいは資産から負債を差し引いた純資産を基準に算出する「純資産価額方式」、さらにこれら2つを採用する「併用方式」があります。どの方式を用いるかは業態、総資産価額、従業員数、取引金額に応じて決められる会社の規模によって決まります。経営者が勝手に評価することはできず、計算方法も複雑なため適正な評価額を導くことは難しく、税理士など専門家に相談するのが基本です。

ここで問題となるのは、優良な企業であればあるほど自社株の評価額は高くなり、事業承継で親族に譲渡する際の贈与税や、相続する際の納税負担が重くなる可能性が生じるということです。

ただし、収益物件を購入した場合は先述した減価償却効果により利益を圧縮でき、純資産も小さくなるので自社株評価を引き下げることができます。現金をそのまま保有するよりも評価額が減少し、純資産額も低くなり、自社株の価格を引き下げることにつながり、結果として贈与税・相続税の税率の低減効果が生まれます。

保有資産を現金から不動産に換えておくことで資産評価額が下がり、事業承継の際

不動産投資のメリット

の税負担を抑えることができるのも不動産投資の大きなメリットであり、オーナー社長は積極的に活用すべきというのが私の考えです。

最大のメリットは“パラシュート機能”

オーナー社長が不動産投資に取り組むメリットを3点挙げましたが、これに加えてお伝えしたいのが「はじめに」でも触れた「パラシュート機能」についてです。

収益不動産によるキャッシュフローは保有物件の数に比例して上がります。月100万

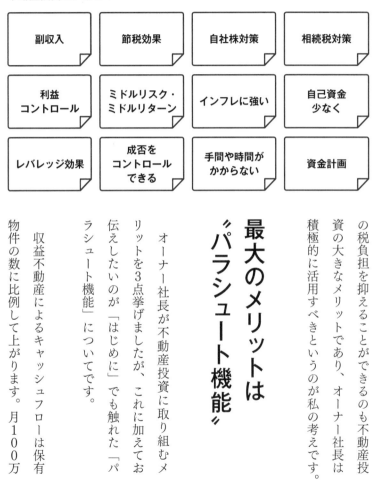

円、多いと300万円を超える利益を手にしている経営者もいます。各人の生活水準や考え方により異なりますが、毎月のキャッシュフローが役員報酬を超えたら本業にこだわる必要はありません。多忙すぎるなら仕事量を減らしワークライフバランスを整えたり、家賃収入を元手に新たなビジネスに挑戦することだって可能です。

場合によっては事業を売却してFIREを選んだり、私のようにオーナーから退いてフラットなスタンスで経営に携わるなど、さまざまな道を選択することができます。

飛行機がエンジントラブルを起こすとお先は真っ暗ですが、パラシュートを背負っていると助かる見込みが格段に上がるように、収益不動産によるキャッシュフローをパラシュートのように活用することが可能です。この機能こそが、不動産投資による最大のメリットであり、オーナー社長に安心感をもたらします。みなさんには、ぜひこの立場を目指してほしいというのが、私が本書を出版する最大の目的です。

不動産投資のメリットを最大化させる戦略とは？

私は不動産投資のメリットの最大化＝キャッシュフローの最大化だと捉えています。具体的には、先ほど述べたように節税を目的とした築古の木造物件だけ、あるいは家賃収入を目的とした新築物件に偏るのではなく、双方をバランスよく持つことで、その実現につながるという考え方です。これにより、物件の保有中や売却時に得られるキャッシュフローを確保することができ、購入から売却まで一連のプロセスを繰り返したり、手にしたキャッシュを使い保有物件を増やすことで、さらにキャッシュの流れはよくなっていきます。

そのためには、最寄駅から近いなど賃貸需要の高い物件をボロボロになるまで持ち続け、使えなくなったタイミングで新築アパートに建て替えたり、減価償却に振り切り購入から5～10年以内に売却する物件を持つなど、いろんな手法を組み合わせることがポイントです。組み合わせの妙で不動産投資の持続性を高め、キャッシュフローの最大化につなげるというのが、賢明な方法だと思います。

会社員は融資枠に限界があり2億円が壁と言われますが、オーナー社長の場合はそういった限界がありません。自社の財務状況や金融機関との付き合いにより与信枠は変わり、巨額の融資を引き出すことも可能です。メリットを最大化する戦略が取りやすく、より大きなパラシュートを作るため、自身の立ち位置をうまく活用しない手はありません。私が中小企業経営者に不動産投資を勧めるのは、こういった理由もあるからです。

一方、パラシュートを大きくする＝潤沢なキャッシュフローを得るためには、「投資対象のエリアを厳選する」「金融機関のエリア管轄外の物件は持たない」「最初は利回りの高い物件から買い進め、最終的に東京都内の物件を持つ」など、いくつか守るべきルールもあります。次章以降はこういった点を含め、不動産投資で安定収益を得るための基本、さらには具体的な手段についても掘り下げていきます。

［コラム］ 私がオーナー社長を辞めるまで①

大手デベロッパーへの就職は起業の布石だった

本書では各章の最後に「私がオーナー社長を辞めるまで」と題し、今日に至るまでの著者自身のエピソードをコラムとしてまとめました。不動産投資に関するノウハウというより、私が会社を立ち上げた経緯や創業後の喜びや苦労、葛藤など、オーナー社長としての考えや思いを記しています。同じ立場の皆さんが共感する部分はおそらくたくさんあり、今後の生き方のお役に少しでも立てば幸いです。ユニークな私の来歴にも触れているので、単純に読み物としてもお楽しみください。

私が起業した理由は、実家で起きた出来事が深く関係しています。私は横浜市内にある農家の次男ですが、祖父の代から余った土地でアパート経営もしていました。ただし場所は最寄駅から徒歩15～20分と遠く、常に満室経営とはいっていませんでした。加えて、空室が出ると「このままだと次の入居者が決まらない」と、不動産業者から半ば強制的に高額なリフォームを提案されたり、なかなか収益は安定しなかったようです。実家が栽培していた1個数百円の果物からすると100万円単位のリフォーム代金は目が飛び出るほど高額で、家賃も月7万～8万円ほどですから、回収するのも大変です。そんな親たちが苦労する姿を見て、不動産業ってこういうものなのかと物心がついた頃から漠然と感じていました。

転機が訪れたのは、横浜市立大学4年のタイミングで祖父が亡くなった時のこと。相続税は相続が発生してから10か月以内に申告・納税しないといけませんが、そのために両親は多くの土地や建物を手放さざるを得ませんでした。その際も宅地用に造成した平地ならそれなりの価格で売却できたのですが、原野は二束三文で買い叩かれるなど、大変苦労したそうです。ビジネスだから仕方ありませんが、相手により買い取り価格を変えたり、困っている人の足元を見るようなやり方を目の当たりにして、当時は相続で困っている人をサポートする不動産業者はおらず、どうすれば同じ境遇の人を助けられるかと思ったのが、起業を志した理由になりました。

また、今と異なり当時のアパートの評価額は土地の値段以下でした。利回りのような指標は浸透しておらず、土地の上物にかかる立ち退き料や解体費を引いた価格で算出するのが一般的だったからです。更地の方が高く売れる時代で、これもおかしいと思いました。そういった建物の価値も考慮して、どこよりも高く誠実に買い取ってくれるとありがたいに決まっています。

定期的に実施する高額なリフォーム工事も、私にとって納得がいきませんでした。不動産業者や管理会社の売り上げ確保の手段なのですが、空室で悩むオーナーがいるなか、長い付き合いがある業者を信用しているにもかかわらず、ある意味ひどい仕打ちです。私はこれを反面教師とし、創業以来、最低限のリフォームやリノベーション以外は勧めていません。

土地活用を目的にアパート経営を始めるのは農家など第一次産業の従事者が多く、ノウハウは皆無に近いというもの。情報弱者であり困っている人はたくさんいると思い、起業を通じて力になりたいと考えました。

しかしながら、当時は学生の身。まずは社会人経験を積まないと話にならないと思い、業種的に近いところをと、大手財閥系のデベロッパーである住友不動産を選びました。大手にしたのは、自身が起業するに当たってブランディングに役立つと思ったから。少しでも早く独立したかったのですが、若いと信用されない恐れがあり、看板として使えないかと考えたのです（笑）。同じ事業規模の会社も検討しましたが、他社は超ホワイト企業で成長につながらないと思い、あえて厳しい環境に飛び込み短期間での成長を目指しました。

住友不動産は首都圏を中心に数百棟のオフィスビルを自社で所有しており、私が入社直後に配属されたのはテナントを探すビル営業部。成績は順風満帆そのもので、2年目にはトップセールスを記録しました。

それもそのはずで、毎朝5時に起きて出社し、夜11時まで働きましたから。周りの同期は大企業に入った時点でゴールだったようですが、起業を目指す私にとって会社員の立場はスタート地点にも立っていません。まずは必死に働き実績を出さないといけません。

トップセールスを目指したのには、他にも理由があります。大手デベロッパーでマンションなどの開発を任せられるのは40代以上の中堅社員たち。入社1～2年が手を挙げたところで流されて終わりです。ただし、将来的に不動産業で起業するためにこういった経験も積んでおきたかった私は、社内で有名になりみんなから一目置かれる存在にならないと考えたわけです。その手っ取り早い手段が、セールスの実績でした。

それも、ただのトップならたまたまと思われかねませんから、ダントツに突き抜けた存在を目指さないといけません。通常では半年に1件くらいテナントを埋めれば上出来なところ、月1件というハイペースで契約を取りました。毎週金曜日までに翌週月曜から金曜日まで計25回のアポイントを取るのが自分の決まりで、商談の時間以外は電話や飛び込みで営業、手紙を書くなど、あらゆる手を尽くしました。そうなると、早朝から遅くまで働くのは必然だったのです。

手紙の相手はオーナー社長と決めていました。その頃はリーマンショック直後で、サラリーマン社長にオフィス移転を決定する権限はなく、オーナー社長に直訴したほうが効果的だったからです。役員四季報で筆頭株主を調べ上げ筆ペンで文章をしたため郵送したり、秘書に手渡ししたりしていました。オーナー社長に会えない時は親族など他の大株主に会うなど、とにかく有力者を狙い撃ちにしたのです。今振り返ると、よく入社1年目でここに気付いたと、自分をほめたいくらいです（笑）。

こういった手法を実践するため参考にしたのは、MDRT（Million Dollar Round Table）の称号を持つ優秀な保険営業の方が書いたビジネス書です。保険営業は自分を売る究極の営業職であり、私の仕事にも通じるノウハウが学べると思いました。

営業をかけたのはオーナー社長だけではありません。社内の工事部でテナントビルを施工したゼネコンや空調機の会社なども調べ上げ、発注を増やす代わりに広いテナントを借りてほしいと持ちかけました。もちろん、私の独断ではできませんから、当時の工事部の役員などに相談したりするなど、徐々にチーム体制を作っていったのです。こういった戦略が功を奏し、短期間でずば抜けた成績につながりました。

第2章

不動産投資で安定収益を得るための基本

節税効果をうたう不動産投資の注意点

本章では不動産投資で成功するための基本を解説します。私の会社では顧客の事業や資産規模、属性、年齢、取引先金融機関、目的など、さまざまな情報をヒアリングし、その方に適した高収益物件のアレンジ、必要に応じた融資付けを実施。購入後の物件管理・運営、売却など、不動産投資の入口から出口まで一貫したサービスを提供しています。

言うなれば、トータルサポートを手がけており、顧客が安心して不動産投資に取り組める体制を整えています。ただし、みなさんも不動産投資に関する最低限の知識を持っておくことで、ニーズをより可視化したり、深い議論が可能になることも事実です。そういった点を踏まえ、本章では解説を進めたいと思います。

まず述べておきたいのは、節税目的で不動産投資を行う場合の注意点です。オーナー社長の場合はおそらく、個人の収入や法人の利益の圧縮を目的に収益物件を購入したいと考えている方も多いことでしょう。

ただし前章で少し触れたように、多くの経費を計上するためには短期間で減価償却費を計上する必要があり、それに適しているのは木造の築古物件です。法定耐用年数の長い新築物件やＳＲＣ・ＲＣ造の物件は償却期間が長期にわたり、そのメリットを享受しづらくなります。

かといって、木造築古物件であれば何でもよいのではなく、好立地でないと空室リスクが高くなり家賃収入を確保できず、逆ザヤになる恐れがあります。人口が減少している地域だと入居者が決まらないばかりか、流動性が低くリセールバリューもつかないため、売りたくても売れません。あるいは、買い手が見つかっても安く買い叩かれるのが関の山です。これでは資産形成とはいいがたいでしょう。

築古木造ならなんでも構わないと考え賃貸需要のない地域で物件を買い、キャッシュフローが積み重なるどころか減らしている経営者も少なからずいて、これでは本末転倒と言わざるを得ません。サブリース（家賃保証）が付帯した地方のアパートを購入したとしても、数年後には保証料が減額されたりサブリースを外されることもあり、トラブルに発展する事例も見られます。

入居者が退去するたびに高額なリフォームを強制的に行う事業者もいるようです。そうでないと、彼らの利益が確保できないからです。いずれにしても、賃貸需給のバランスが悪いエリアで物件を持つと、このような悲劇が待ち受けています。「どこにどういった物件を持つか」は不動産投資を成功させる極めて重要な要素ですから、この点はしっかりと押さえないといけません。

よくあるのは、新築ワンルームマンションの区分投資を始めたものの、毎月の家賃収入では融資の返済額に届かず、自身の収入から手出しをして返済するケースです。不動産投資は物件単体で収支が回ることが前提でないといけません。ところがそうではなく、本業の収入・収益から補填して返済を行い、30~35年後に一室が自分のものになる、もしくは47年かけて減価償却費して本業の収益と損益通算することで節税になる、と捉えるようです。こういったメリットをうたい、医師など高年収の職業に投資用ワンルームマンションを販売する事業者もいて、なかには複数戸を所有しているオーナーもいますが、時間がたつにつれ後悔している人もいるようです。

一般的に投資用物件は、購入初年度は不動産取得税や入居者募集のための広告費などの費用がかかることから多額の費用が計上でき、高い節税効果が期待できます。ところが2年目以降は経費が少なくなるので節税効果は低くなり、結局は多額の納税につながることがあるのです。

前章で取り上げた、相続税対策としてマンションを持つ「マンション節税」も、資産家の間でよく知られるスキームです。結果、相続税額は軽減できたものの流通性の低い郊外や古い物件を相続した場合は空室に悩まされたり、いざ現金化しようとしても評価額より安くしないと売れないこともあり、節税効果以上のマイナスになる恐れが生じます。相続後も所有するなら収支が安定している物件を選定しておかないと、赤字物件を持つことになりかねません。

また、マンション節税のなかでも、タワーマンションの高層階を購入し節税に活用する「タワマン節税」は富裕層に人気の手法です。

一般的にタワマンの高層階は眺望がよく人気があることから市場価格は高額になる傾向があります。一方、マンション一棟につき設定される路線価は一つだけですから、階層に関係なく同じ規模の部屋の相続税評価額は同額。したがって、マンションが高層階であればあるほど市場価格と相続税評価額に乖離が生まれ、相続税の負担を抑えられるのです。

ところが、こういった手法による過度な相続税対策は国税庁により問題視され、区分マンションの評価方法は改正されることに。2024年1月以降の相続・贈与では、ほとんどのマンションの評価額は引き上げられることとなりました。改正前に節税目的でタワマンを買った人たちは、頭を抱えているかもしれません。

不動産による節税は非常に効果的で、私も活用するよう提案しています。ただし、税制などの法改正はいつ行われるかわかりません。多少の改正があっても困らないよう、立地や収益性にこだわり、空室リスクに耐えられ収支が赤字にならない物件を持っておくべきです。

利回りは最低でも6・5%以上がマスト

不動産投資における利回りとは、投資額に対してどれだけのリターン・利益があるかを数値化した指標です。仮に1億円の木造アパートの年間収入が700万円の場合、利回りは7%ということになります。いうまでもなく、利回りが高い収益物件であればあるほど、投資対象として優秀と判断することができます。

すでに巨額の資金を持つ超富裕層ではなく、中小企業のオーナー社長がパラシュート機能を持つために不動産投資を始める場合、利回りは極めて重要な指標です。少なくても6・5%から7%は押さえるべきだと私は考えています。家賃収入で役員報酬相当の収益を得るには、ある程度キャッシュフローが出ないといけないからです。反対に、せっかく頭金を捻出し金融機関から融資も受けたのに十分な手残りが生まれないとなれば、パラシュートどころか不動産が重荷になりかねません。

なぜ最低水準が6・5%なのか。例えば、直近であれば東京都大田区蒲田の新築アパートの利回りは4・5%ほど。仮に銀行から金利1・5%で35年返済の融資を受けたとすると、毎月の返済や諸経費を支払うと手元にキャッシュは残りません。せいぜい年間5万~6万円程度の利益で、1室空きが出るだけで手出しを強いられます。これではあまりにも不動産投資のうまみがないというものです。

一方、私の会社がカバーしている神奈川県横須賀市で考えてみましょう。横須賀も近年は人口減少が著しく衰退している都市の一つに数えられますが、私はまったくそう捉えていません。確かに年を追うごとに人は減り37万人割れが迫っていますが、これは静岡市とほぼ変わらない人口規模で、小さいとは言えません。全国ではむしろ人口を維持できる県庁所在地のほうが少ないくらいで、そう考えると横須賀市の人口は十分あり、一定の賃貸需要が見込めるエリアといえます。

かつ、同市は電車や車を使えば横浜や川崎、さらには品川や東京、渋谷や新宿にもアクセスしやすく、平地の賃貸物件は入居者に困ることはあまりありません。「平地」と言ったのは、そもそも横須賀市の山側は住むのに大変で、交通アクセスも不便だからです。対して平地が広がる海岸エリアにはＪＲ・京急の電鉄が乗り入れ、オフィスや商業地が広がっています。

限られた平地だからこそ住まいとして人気があり、かつ大田区に比べると地価が低い分だけ物件価格も安く7％前後の利回りが確保できるのです。この水準であれば3室くらい空室が出たとしても、損益分岐点を割ることはありません。

最初の投資として年6万円しか手元に残らない物件を選ぶのか、それとも横須賀市で月20万円ほどの収益を得て、それを雪だるまのように貯めて物件を増やしていくのか。パラシュートに適しているのは言うまでもなく後者です。

少なくとも、不動産投資のスタートは利回り6％以上の物件がマストの条件。そうでないと、後が続かないからです。なかには「東京23区じゃないと成立しない」という持論を展開する事業者や投資家もいますが、それを鵜呑みにして投資を始めたものの1～2棟で資金や融資が底をつき、前に進めないケースも見受けられます。

駅徒歩10分以内はマスト

最寄りの鉄道駅から徒歩10分以内、部屋の広さは単身者向きなら22㎡（6・6坪）以上というのも外せない条件です。

私が創業してから8年くらいまで、横浜市の新築アパートは1室16・5㎡（5坪）

が主流で、その後は20㎡の物件がメインになりました。ところが2020年に新型コロナの流行が起き自宅で過ごす可処分時間（自分で自由に使える時間）が増えたことで、ある程度の快適性が求められるように。そのためには最低でも6畳の居室が必要で、そうなると部屋全体では22㎡が必要になりました。これまでのスタンダードだった1部屋16㎡〜18㎡のアパートは退去が相次ぐようになり、家賃の下落率も激しくなる一方で、1部屋22㎡以上の家賃は上昇しているほどです。

可処分時間を豊かに過ごすという点では、Wi－Fiも必須の設備になりました。マンションと異なりアパートは戸建てタイプが適用されるので、入居者自身が光回線を契約すると月6000円くらいかかります。ネット代も家賃の一部と捉え、自分で契約しないといけない部屋は敬遠する人が多いのです。

ところが、アパート全体にインターネットを導入したとしても、オーナーが負担する1部屋当たりのコストは1000円ほど。ならば、付加価値として導入したほうが空室対策として効果的なのです。

宅配ボックスの設置もスタンダードになりつつあります。今は配達員の人手不足が深刻化しており、国土交通省は設置に対する補助制度を始めたほどです。訪問詐欺対策から、エントランスのオートロックやカメラ付きのドアフォンも同様です。セキュリティ対策としては、監視カメラがついていることも入居率に影響するでしょう。

単身者向け物件でも二口コンロが必須

室内に関して、かつて単身者向けアパートのキッチンでは、一口コンロで十分とされていましたが、今は二口コンロでないと見向きもされません。また、キッチン自体も対面のようになっていて、空いた部分をワークスペースにできるような造りだと好評です。今は在宅ワークの会社員が一定数おり、こういった場所で事務作業をしたりオンラインミーティングに参加したりするようです。6畳くらいの部屋にシングルベッドとソファを置くと部屋は埋まり、ワークデスクを設置する空間を確保できません。キッチンの余白スペースで仕事や勉強ができることが、入居者にとっての付加価

横濱コーポレーションの取扱物件の一例

値になります。私の会社が扱う物件でも、こういった部屋ほど早く入居が決まっていきます。

単身者は仕事やプライベートで外出が多く、部屋は寝るだけの場所という認識もありましたが、それはもはや時代遅れの考えです。今は働き方改革により長時間残業はできませんし、法定休日の遵守も求められています。終業後の飲み会やカラオケも敬遠されるようになりました。個の時間が尊重されるようになり、自宅で過ごす時間が増えたからこそ、安全や快適につながる設備が決め手になっているのです。

可処分時間が増えたからこそ、日当たりのよさも重視されるようになりました。日光はセロトニンと呼ばれる神経伝達物質の分泌を促し気分を改善する効果があるようで、反対に日当たりが悪いと気分が落ち込んだり、ストレスが増えたりする可能性があると指摘されています。実際のところ、日当たりのよい物件は悪い物件に比べて入居期間が長い傾向がみられます。

神奈川県が注目される理由とは？

私が神奈川県内を中心に物件を販売しているのも、理由があります。先ほど述べたように神奈川県の物件は東京23区に比べると利回りが高く、収益性の高さという点で申し分ありません。

人口の多さも際立っており、横浜市は377万人と東京23区に次ぐ規模を誇り、川崎市も155万人を超えています。

ちなみに、九州最大の都市である福岡市の人口は約165万人です。同市の面積は約341㎢に対して川崎市は約144㎢ですから、およそ半分の広さにもかかわらず同程度の人口を擁しているのです。ちなみに、県庁所在地以外の市で人口100万人超なのは全国でも川崎市だけです。日本にはいくつも大都市がありますが、川崎市一つでそれらに匹敵する人口を抱えており、その数は毎年のように増えています。

他地域の人口も藤沢市は約44万人、相模原市に至っては約72万人にものぼります。

ちなみに川崎市は2030年頃に約160万人、藤沢市は2035年に約45万人まで人口が増えると推計されており、主要な都市は底堅い人口に支えられています。日本全体で人口が減り続けるなか、神奈川県はこれらのエリアを中心として東京都などからの転入増が目立ち、不動産投資のマーケットとしても当面は優位性を保ち続けられるでしょう。

新たな鉄道路線の開通も関係しています。2019年には相鉄・JRの直通線が開業し、23年3月には横浜市港北区の新横浜駅から同区の日吉駅までを結ぶ相鉄・東急新横浜線が開通し、相鉄線と東急線の直通運転が始まりました。これにより、相鉄沿線の再開発は加速しています。2030年ごろをめどに横浜市営地下鉄ブルーラインの延伸も計画されており、公共交通ネットワークの充実は、さらなる転入増につながる可能性があります。

人気のエリアは地価が上昇しており、高い利回りが出ないのではと思うかもしれません。ところが、形状があまり良くなくて戸建てを建てるのに向かない土地は相場より安く、私たちはそういった場所を探してアパートを建てるのです。

また、アパートを建てるのに最適な角地があったとして、看板を立てて売っているケースはほぼありません。あまりにも人気が高いからです。ほとんどが表に出ない未公開の土地であり、私たちは独自のコネクションにより水面下で取得しています。一般に出回る前だからこそ安く取得することができ、それなりの利回りが実現できるのは、同業者間による情報戦を先回りできているからともいえます。

ただし、神奈川県全域が不動産投資に適しているわけではありません。いわゆる山間地域は日常生活が不便で交通の利便性も良くないので、住まいとしての人気は決して高いといえません。これらのエリアにあった大学のキャンパスは東京や横浜市へ移転したほどです。基本的には先ほど挙げたような東京や横浜から近く、鉄道網が充実しているところ以外は厳しく、私の会社でも物件は扱っていません。不動産投資の最大のリスクは空室であり、空室に効果的に対処できない地域でアパートを買ったところで、持続的に入居者を見つけるのは難しいのです。

地域に精通した管理会社を選ぶこと

購入物件を管理・運営する不動産管理会社も、投資の成否に深くかかわっています。不動産管理会社とは、主に賃貸物件の管理を提供する会社のこと。オーナーに代わり物件の管理・メンテナンス、会社によっては入居者募集やクレーム対応なども行う、収益物件の運営になくてはならない存在です。かつ、提供するサービスの質は稼働率に直結するので、いかに優秀な事業者をパートナーとして選ぶかが、不動産投資の成否を握っているといっても過言ではありません。

管理会社の良し悪しを見極めるポイントとして、地場に精通しているかどうかは重要な要素です。例えば川崎駅近辺に物件を持つなら、近隣に店舗・拠点があるに越したことはありません。東京にしか拠点がないとすると地域事情に詳しくありませんし、何より物理的に距離があるので、トラブルが起きた時、対応が後手に回る可能性があります。定期的に物件を巡回してくれるのか疑ってしまうかもしれません。やはり、

選ぶべき物件のポイント

- 利回り6%以上はマスト
- 駅から徒歩10分以内
- Wi-fiや宅配ボックスなどの設備つき、二口コンロ
- 自宅で仕事をしても過ごしやすい
- 神奈川県の物件がおすすめ

保有物件の近くに営業拠点があると安心です。巡回中に簡単な除草もするなど小回りもきき、こういった管理会社は理想的だと思います。

同業他社になりますが、湘南エリアに特化したある管理会社は、自社だけではなく大手不動産会社のFCとしても実店舗やウェブサイトを展開。あらゆるチャネルから物件オーナーや入居者を募り、かつ地元密着で管理業務も提供しています。管理物件はおそらく2万戸以上あり、湘南での市場シェアはトップを誇っています。

管理業務だけではなく店舗を持ち集客までカバーしているのもポイントです。近年は業務過多や長時間残業などを背景に人手が集ま

らず、倒産・廃業する賃貸店舗が増加しています。こうした状況下で生き残っている店舗は集客スキルが高いことを意味します。かつ、管理業務も提供していると入居者募集から物件管理までカバーしてくれるので、賃貸オーナーからすると頼もしい存在です。私もこういった管理会社を目指しています。

一方、管理業務しかしていない会社は、高い広告費を支払って賃貸店舗に集客を依頼せざるを得ず、それは委託管理費にも転嫁されます。コスト面でも、賃貸店舗を持つ管理会社のほうが有利なのです。退去しても短期間で次の入居者を獲得しやすいのも強みでしょう。なお、私の会社は路面、ネットの両方で賃貸店舗を持ち、管理業務も提供しています。

不動産投資の安定性は客付けで決まる

本章をまとめると、不動産投資では立地や建物の設備もさることながら、管理会社にかかっているということです。安定的な家賃収入は客付けにかかっており、客付けは入居者募集から物件管理までをワンストップで提供する管理会社に任せるのが賢明です。こういった点をみなさんも知っておくことで、不動産投資が成功する確率はさらに上がることでしょう。

そして、客付けがしやすく家賃収入が途絶えにくい物件について熟知しているのが、私の会社のような不動産投資をサポートする専業の事業者です。本章の冒頭で述べたように、収益不動産を活用した節税についても詳しく、顧客の資産形成を実現するのが最大の目的です。

そこで、次章からは安定収益の拡大や税金対策などについて、プロフェッショナルの知見をもとに具体的なノウハウを解説していきます。先述したように、重要なのは一つの戦略に偏るのではなく、2つを同時に進行することです。そのためにも、必要な知識を身につけていただきたいと思います。

［コラム］ 私がオーナー社長を辞めるまで②

新たなるステージを目指すため転職を決意

今では到底認められる話ではありませんが、早朝から深夜まで働き続け電話や飛び込み営業、オーナー社長への手紙で毎週25回のアポイントを取り、さらには自社ビルを手掛けたゼネコンや設備会社まで調べ上げたうえで交渉し、テナントを誘致してきた私のやり方。ここまでする新人は周りにおらず、あっという間にトップセールスに輝き社内でも一目置かれる存在になりました。

苦労したのは、工事部から発注データを引き出すことでした。正攻法で頼んでも「若手に見せるものではない」と突っぱねられましたが、私は営業本部長に直接頼み込んで見せてもらうことに成功しました。

なぜうまくいったかというと、リーマンショック後の不景気だったことも深く関係しています。その頃は賃料の引き下げ交渉や退去が相次いでおり、新規の顧客は喉から手が出るほど欲しい相手。こうした状況下で私のアイデアに上層部は手応えを感じたようです。なんと、すぐさま社長直下の特設チームが編成され、ビル営業部から は部長と課長と私、工事部からは本部長が担当に就くことに。通常の営業では、今日は港区、明日はどこそこへ行けと命じられ自由が利かないこともあったのですが、このチームは好き放題やらせてくれました。ただし、普段の業務と並行して取り組んだので、発注データを調べられるのは夜間がメインで、残業に拍車がかかったのはいうまでもありません（苦笑）。

交渉の場では、大学生時代にアルバイトをしていた大手家電量販店での販売スタッフの経験が役に立ちました。というのも、営業を成功させるには販売力が必須のスキルであり、家電量販店では商品を買うかどうかわからない見込み客に対して課題やニーズを引き出し、的確な提案をしないと買ってくれません。こういった販売スキルを現場で磨くことができ、ゼロから1を作る法人営業ではこの販売力（商談力）を活かすことで多くの契約を結ぶことができたわけです。

この仕事は起業を目指すための過程でしたが、トップ営業マンになり名乗りを上げてから独立すれば、「中途半端に辞めて起業した」と後ろ指もさされないだろうと思ったことも事実です。

これだけの好成績をマークしたので、入社2年目の前半には当時の会長から六本木にある泉ガーデンの最上階での食事会にも招待されました。その時に、「これだけ頑張っているけど何がしたいんだ」と尋ねられ、「新規事業に関わりたい」と答えました。すでにビルやマンションの開発、リフォームといった事業の柱はありましたが、新たなビジネスを自分の手で生み出したいという思いを素直に伝えたのです。なんとその2日後には会長直々のお達しで、営業部から新規事業部への異動が命じられました。

ただ、それを特設チームの面々に報告したところ、「お前とは相思相愛だと思っていたけど、こんな形で裏切られるとは」と厳しい言葉が返ってくることに……。今後の起業を考えると新規事業部への異動は経験を積むまたとないチャンスで、これを逃すわけにいきません。かたや自分の決断で、同志とも呼べる相手を傷つけてしまったのは後悔の極みであり、異動してから半年で成果が出せなかったら会社を去ろうと心に決めました。

結論から申し上げると、私は新規事業部でこれといった成果を出せませんでした。巨大な組織で何か新しいことを始めるのは想像以上にハードルが高く、さまざまな案を役員会に提出してもびくともせず、むしろすでに収益の柱はあるのだから、それで十分だという考えだったのです。今思うと、不景気の時にチャレンジングなことをするなという方針もあったのかもしれません。

そもそも、不動産業は箱ものビジネスであり、立地の良いところに施設を作れば、勝手に稼いでくれます。あまり人は関係ないというか、場所や設備が優秀であれば儲かるビジネスモデルです。そういった企業文化があるなかで新規事業を提案したところで、余計なリスクとみなされるだけだったのでしょう。

私が提案したのは、オフィスビルを建て、50坪くらいに区分けして販売するというものでした。当時、一棟物の販売は同業他社が始めており、それを小さくしワンフロア単位で販売すればニーズがあるのではと踏みましたが、役員にはまったく刺さりませんでした。

オフィスビルの空室を活用した、レタスなどの水耕栽培も提案しました。屋内だと平面ではなく立体状に栽培ができ、六毛作くらいできる計算で非常に効率的というのが売りです。ところが、大きな売り上げにつながらないことを理由に却下されることに……。今となると野菜工場は珍しくありませんから、少し早すぎたアイデアだったのかもしれません。

高速道路のサービスエリアやパーキングエリアの隣地を買い取り、宿泊や商業施設を作るといった、高速道路の既存施設から一般道路に出入りできるスマートインターチェンジを活用した事業も考案しました。普及すれば高速道路を使う頻度が上がり、さまざまな施設へのアクセスも便利になると思いましたが、この案も役員が首を縦に振ることはありませんでした。現在はかなり普及していますが、当時だと理解を得られなかったようです。

必死に知恵を絞ったものの、力は及ばす……。当初決めていた通り、私は半年後に退職を決意しました。ビル営業部での実績はあったので引き止められ、会長へ挨拶に伺った時も「もう辞めるのか」と留まるよう言われましたが、翻意することはありませんでした。

そして、次の舞台に選んだのは、さいたま市に拠点を構える収益不動産の売買、管理、工事を手掛ける不動産会社でした。今の会社のビジネスにたどり着くきっかけを与えてくれた、私にとって忘れることのできない職場です。

第3章

〝雪だるま戦略〟で安定収益を拡大していく

手元にキャッシュが残る物件を雪だるま的に増やしていく

不動産投資における「ストック」とは、安定的な家賃収入をもたらす資産（収益物件）のことを指します。収益物件は賃貸借契約を締結すれば、その期間中は決まった家賃収入が毎月手に入ります。

一方、安定的な家賃収入を実現するためには、前章で述べたように所有する物件の立地や設備、優秀な管理会社とのパートナーシップが必要不可欠です。仮に建物の設備がよくても最寄駅から徒歩20分だとか、いくら駅から徒歩1分でも相場より高い家賃など、条件が悪いと借り手はつきません。需要がある地域に物件を持つことを前提に、さまざまな要素をバランスよく配置することが高い稼働率を実現し、安定収益をもたらします。

世の中は変わり続けており、先行きが不透明で将来の予測が困難な「VUCAの時代」だといわれています。現在、みなさんの事業が好調だったとしても1年後、3年後も同じとは限りません。実際、コロナ禍を経て多くの外食産業が大打撃を受けた一方、フードデリバリー業界は一気に盛り上がりました。航空機・電車・バスなどの公共交通機関の利用者が減った代わりに、ZoomやTeamsといったビデオ会議ができるツールが普及しています。今後はAIやIoTの進化がさらに進むことで、ビジネスの移り変わりはますます加速度的になっていくでしょう。

景気もどうなるかわかりません。これまで述べた通り、2024年時点の日本は空前の円安や資材・エネルギー高、労働力不足による人件費高騰が続いており、特に中小企業の倒産が増えました。また、少子高齢化など社会構造の変化による税金や社会保障費の負担も増しており、労働者の実質賃金は右肩下がりを続けています。個人消費が伸び悩むと景気は悪化し、みなさんのビジネスに悪影響を及ぼす可能性はゼロでありません。世界を見渡しても各国・地域での紛争やトラブルは絶えず、何かをきっかけに景気が変動し、ビジネスが減速する恐れがあるのです。

こういった状況への備えとして、不動産投資は非常に効果を発揮します。どれだけ世の中が変わっても景気が悪くなっても、人には住まいが必要です。立地の選定さえ間違わなければ確実なニーズがあり、毎月の家賃収入はオーナー社長にとって、ありがたい存在になるでしょう。本業の不調を穴埋めしたり、利益をかさ上げしてくれますし、定期的な収入があるので資金繰りに駆け回ることもありません。

経営者個人が投資する場合も同様で、毎月定期的なキャッシュが手に入れば生活にゆとりが生まれます。子どもの教育費や老後の生活のための資金も蓄えやすくなるでしょう。株やFX、暗号資産などに比べると不動産は収益が安定しており、計画的に資産形成ができるのもメリットです。収益不動産というストックのメリットは、はかり知れません。

ただし、安定的な家賃収入＝不動産投資の成功ではありません。もっとも注視すべき点は前章で述べたように、家賃収入から広告費・管理費・修繕費などの諸経費、融資の返済を差し引いた、キャッシュフローが手元に残る収益物件を持つことです。こういった資産を増やしていくことで、安定的な収益は拡大していきます。

資産管理会社で節税に備える

一方、収益が増えるということは法人・個人の税負担が増すことも意味します。ただし、工夫次第で対策を講じることは可能であり、その一つが資産管理会社の設立です。

第1章でも軽く触れましたが、資産管理会社は不動産などの資産を保有する人が、その資産の保有・管理を目的に設立する法人のことです。一般的な企業と異なり、基本的に資産管理以外の事業は行わず、主な収益は不動産を運用することによる家賃収入。資産管理会社のオーナーや役員は家賃収入から役員報酬を受け取ります。

かつては不動産や株式を保有する富裕層による設立が目立ちましたが、現在は収益物件を持つ個人や一般の会社員が資産管理会社を設立することも珍しくありません。その理由は、会社を持つことで税負担を軽減したり、所得を分散できたりする効果が期待できるからです。

所得税の累進課税（再掲）

課税される所得金額	税率	控除額
1,000円から1,949,000円まで	5%	0円
1,950,000円から3,299,000円まで	10%	97,500円
3,300,000円から6,949,000円まで	20%	427,500円
6,950,000円から8,999,000円まで	23%	636,000円
9,000,000円から17,999,000円まで	33%	1,536,000円
18,000,000円から39,999,000円まで	40%	2,796,000円
40,000,000円以上	45%	4,796,000円

※平成25年から令和19年までの各年分の確定申告においては、所得税と復興特別所得税（原則としてその年分の基準所得税額の2.1パーセント）を併せて申告・納付することとなります。出典：国税庁ウェブサイト

メリット①：税負担の軽減

個人に課せられる税金は所得税、住民税などが代表的ですが、そのうち所得税は課税対象額が大きくなるほど税率が高くなる累進課税が適用されます。課税所得が４０００万円以上になると税率は45％になります。これに、一律10％で課せられる住民税を合わせると税率は55％にのぼると既に述べました。オーナー社長の場合は元々が高給で、不動産投資による利益も加わると、最高税率に達する可能性は決して低くないでしょう。

資産管理会社の利益に対しては、法人

普通法人にかかる税金

区分				適用関係（開始事業年度）			
				平28.4.1以後	平30.4.1以後	平31.4.1以後	令4.4.1以後
普通法人	資本金1億円以下の法人など	年800万円以下の部分	下記以外の法人	15%	15%	15%	15%
			適用除外事業者			19%	19%
		年800万円超の部分		23.40%	23.20%	23.20%	23.20%
	上記以外の普通法人			23.40%	23.20%	23.20%	23.20%

出典：国税庁ウェブサイト

税、法人住民税などの税金が課せられます。ただし、法人税に関しては資本金1億円以下の中小法人の場合、所得が年800万円超の部分で23・2%、年800万円以下の部分は15%が適用されます。仮に最大23・2%だとして、これに住民税や事業税などを踏まえた法定実効税率は約33%。個人として申告すると最大で所得の半分以上を納税しないといけませんが、資産管理会社にすることで税負担を大きく軽減できるのです。

ポイントは、課税所得を800万円以下にすることです。これにより税率を大幅に抑えることができます。これまで述べたように、1億円のアパートで利回り7％の場合、手元に残る最終的な利益は年200万円ほど。3棟くらいまでならその範囲内に収まります。それ以上の物件を保有する場合は、新たに資産管理会社を設立し、自身は株主となり代表は配偶者や子どもに任せれば問題ありません。

メリット②：所得の分散

資産管理会社を設立し、親族を役員に就任させ役員報酬を支払えば、不動産投資による所得を分散することができ、オーナー社長への集中を避けられます。これにより、本人の所得税などを抑えることが可能です。役員となった親族の所得税は増えますが、親族全体で加重平均した税率を下げることができ、結果的に税負担の軽減効果が期待できます。

また、親族の役員報酬は給与所得に該当するので、他に給与を受け取っていない場合は給与所得控除の対象にもなります。ただし、親族役員に業務の実態がないと、脱税を目的とした所得分散とみなされる恐れがあります。会社の運営に関わる業務を与えておくとよいでしょう。

メリット③：繰越控除の期間延長と損益通算の範囲拡大

ご存じの通り、繰越控除とは事業で生じた損失を翌年以降に繰り越し、計上した利益と相殺する制度です。個人の場合は最長3年間の繰越控除が認められていますが、法人では最長10年間の繰り越しが可能です。長期にわたり損失と利益を平準化できるのもメリットです。

個人よりも法人の方が損益通算できる所得の範囲が広いのも特徴です。個人では不動産所得や事業所得、譲渡所得、山林所得などが対象ですが、給与所得や利子所得、配当所得、退職所得、譲渡所得、一時所得、雑所得は対象外で、損失が生じても他の所得から差し引くことができません。

他方、法人の所得計算は細かく分類されていません。事業活動で生じた損失は他の事業活動で得た利益と合算しやすく、赤字がある事業があった場合は納税額を抑えやすくなります。

メリット④：経費枠の拡大

個人が収入から差し引くことができるのは、事業活動に直接関わる経費に限られます。対して資産管理会社では、間接的にかかる一部経費も計上することが可能です。例えば、役員に据えた親族に支払う役員報酬であったり出張に伴う交通費、業務用として法人名義にした車の維持費などがこれに該当します。

メリット⑤：社会保険への加入

法人は原則として、社会保険に加入することが求められます。毎月の社会保険料負担が増しますが、役員報酬を支払う親族が厚生年金に加入することで、将来受け取る年金の受取額が増加する可能性があります。また、追加の負担なしで扶養する親族も加入できます。

メリット⑥：相続対策

不動産を複数の子どもに相続・贈与する場合は、不動産の持分で分割するのが決まりです。その後、不動産を売却・活用するには、持分を所有する複数の所有者間で意見を調整しないといけません。

一方、資産管理会社が不動産を所有する形にしておくと持分による分割は不必要です。資産管理会社の株式をどう分割するかを考えれば構いません。また、複数の子どもそれぞれに資産管理会社の役員を任せていれば、それ自体が争続の回避につながるでしょう。

相続人である親族に役員報酬を支払うことで、オーナー社長に対する資産の一極集中を抑えることもできます。加えて、相続開始前3年以内に行われた相続人に対する生前贈与は相続税の対象になりますが（2027年以降から順次延長され、31年以降は7年以内）、資産管理会社からの役員報酬にこの規定は適用されません。贈与税がかからないのです。

このように、収益不動産を管理・運営する資産管理会社を設立することで、パラシュート機能を作りながら節税をはじめとするメリットが享受できます。

一方、資産管理会社を設立する場合、株式会社なら約30万円の費用がかかります。

賃貸経営の形態（個人・資産管理会社）

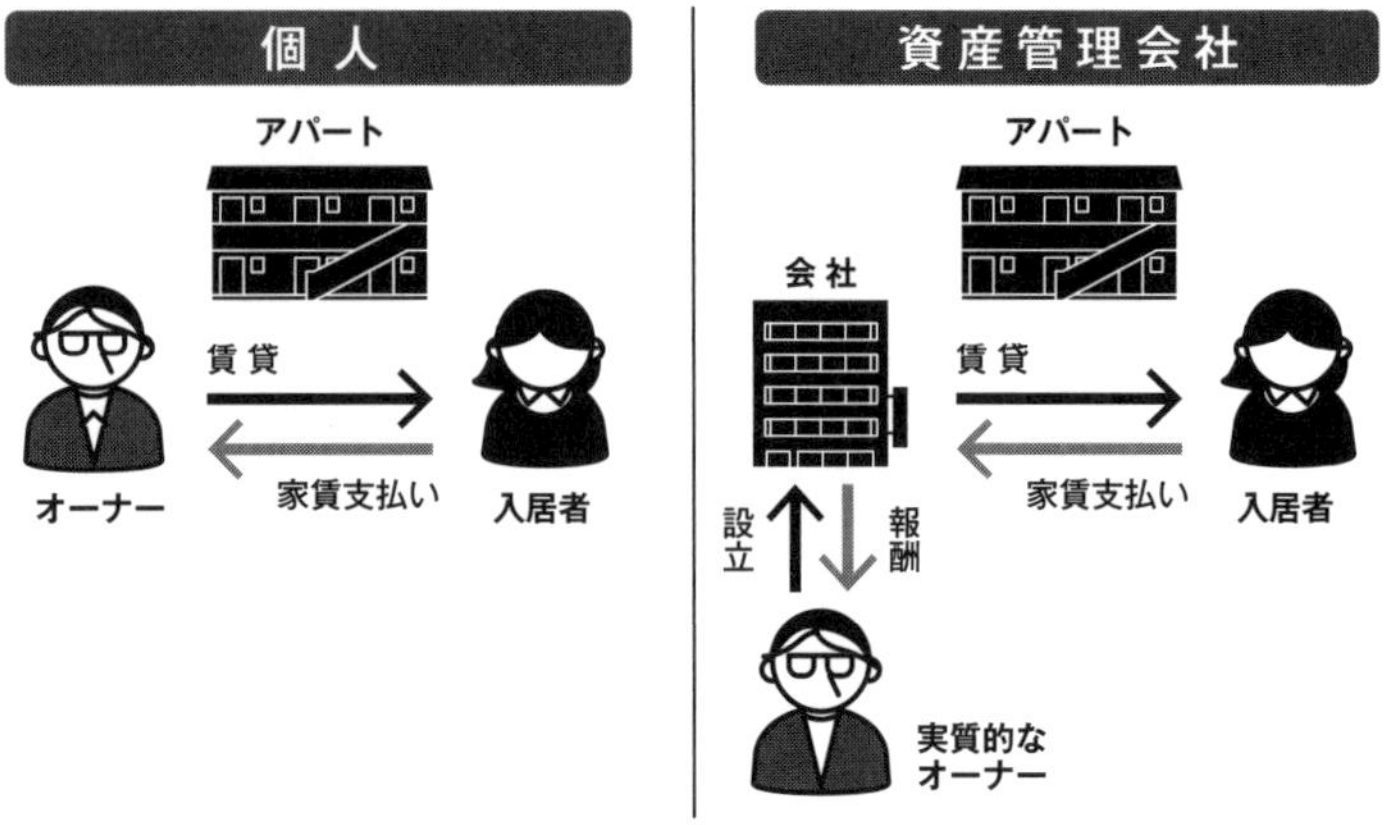

また、法人の会計や各種税金の申告を担当する税理士への報酬も発生します。それに、法人が赤字であっても法人住民税は納付しないといけません。

オーナー社長が資産管理会社の株式を100％保有すると、本業の会社と同様、相続・贈与時に自社株評価の問題が生じます。こうした事態を避けるには、子どもたちに出資金を贈与し、子どもたちが大株主となり資産管理会社を設立する手があります。贈与する額によっては贈与税を納めないといけませんが、複数の収益不動産を取得し資産規模が大きくなってから資産管理会社の株式を相続・贈与するより、納税額を抑えられるでしょう。いずれにしても、ストックに対する節税を行うには、資産管理会社＝プライベートカンパニーの設立が効果的だということです。

資産を持つことによる相続・贈与対策

第1章で述べましたが、不動産投資には資産を圧縮し、相続税や贈与税などの負担を軽減する効果も期待できます。ここで、さらに掘り下げましょう。

オーナー社長の資産は、自社株が多くを占めることがほとんどです。そのすべてを後継者に相続・贈与すると、他の親族との間で不公平感が生まれかねません。実際に、遺言でその旨を記していても「取り分が少ない」と思った相続人が遺留分減殺請求をするというケースはよくあります。かといって、複数の相続人に自社株を分散させると、事業に関わっていない相続人が経営方針に口を出すなど、思いもよらないトラブルに発展することも……。それぞれの株主が次代に向けて相続・贈与すると、さらに株式が分散する可能性もあります。経営基盤を盤石にする意味でも、自社株は後継者に集中させておくのが賢明といえるでしょう。

こういった揉め事を避けるうえで検討したいのが、収益不動産の活用です。先に解説したように、物件を管理・運営する資産管理会社を子どもの数だけ設立し、大株主になってもらうのは1つの手といえます。加えて、不動産を持つことで資産を圧縮し、財産分与をスムーズに進めることも可能です。

次のようなケースで考えましょう。

家族構成：本人（オーナー社長）、配偶者、長男（後継者）、次男
保有資産：自社株1億円、現金1億円、自宅（土地6000万円、建物4000万円）
※自宅の金額は相続税評価額

自宅の土地は「小規模宅地等の特例」が適用されます。よって、6000万円から80％減の1200万円。よって、このケースにおける相続税の対象額は次のようになります。

相続財産の総額：自社株1億円＋現金1億円＋
自宅（土地1200万円＋建物4000万円）＝2億5200万円
基礎控除額：3000万円＋600万円×法定相続人3人＝4800万円
相続税の課税対象額：2億5200万円－4800万円＝2億400万円

この相続財産を法定相続割合に従って相続すると、次のようになります。

配偶者：2億400万円×1／2＝1億200万円
長男：2億400万円×1／4＝5100万円
次男：2億400万円×1／4＝5100万円

各相続人の相続税額も算出しました。

配偶者：1億2000万円×40％－1700万円＝2380万円
長男：5100万円×30％－700万円＝830万円
次男：5100万円×30％－700万円＝830万円

これらを合計すると相続税の総額は4040万円。法定相続割合通りに相続した場合の納税額は次のようになります。

配偶者：4040万円×1／2＝2020万円（配偶者控除により0円）
長男：4040万円×1／4＝1010万円
次男：4040万円×1／4＝1010万円

ただし、会社の後継者である長男が自社株1億円を相続すると、法定相続割合を大きく上回ります。不公平感を解消するため、配偶者と次男が現金と自宅を均等に相続したとすれば、各人の納税額は次のようになります。

配偶者：4040万円×（自宅土地1200万円＋自宅建物4000万円＋現金2000万円）÷2億5200万円＝1154万2857円（実際はゼロ）
長男：4040万円×1億円÷2億5200万円＝1603万円
次男：4040万円×現金8000万円÷2億5200万円
＝1282万5000円

この場合、配偶者はゼロになりますが、長男、次男ともに高額な相続税が生じ、とりわけ長男が相続した財産は自社株なので現金化することが難しく、どのように納税資金を用意すべきかが問題となります。

そこで検討したいのが、借入を活用した収益物件の購入です。これにより相続財産を圧縮し、相続税の税額を大きく減らすことができます。

例えば、次のような物件を購入したとして、その場合の保有資産と債務状況は以下の通りです。

▽購入物件
市場価格：２億円（自己資金５０００万円／借入１億５０００万円）
相続税評価額：１億円

▽保有資産
自社株：１億円
現金：５０００万円
自宅（土地６０００万円、建物４０００万円）
※自宅土地は「小規模宅地等の特例」により80％減の１２００万円になる
収益不動産：１億５０００万円
債務：１億５０００万円

この場合に相続が発生すると、相続税の税額はどうなるでしょうか。計算しました。

▽相続財産総額
自社株1億円＋現金5000万円＋自宅土地1200万円＋自宅建物4000万円
＋収益不動産1億万円－負債1億5000万円＝1億5200万円

▽相続税の課税対象額
1億5200万円－4800万円（基礎控除）＝1億400万円

▽課税対象額を法定相続割合で按分
配偶者：1億400万円×1／2＝5200万円
長男：1億400万円×1／4＝2600万円
次男：1億400万円×1／4＝2600万円

▽各相続人の相続税額
配偶者：5200万円×30％－700万円＝860万円
長男：2600万円×15％－50万円＝340万円

次男：２６００万円×15％−50万円＝３４０万円

相続税の総額：８６０万円＋３４０万円＋３４０万円＝１５４０万円

収益物件を活用し、相続税総額を４０４０万円から１５４０万円まで圧縮することができました。ただし、融資を受けて物件を購入しているので毎月の返済があり、持ち続けることで修繕費などのコストも生じます。キャッシュフローが確保できる物件を持たないと、相続税対策はできたとしても、その後の資産形成に悪影響を及ぼす可能性があります。また、一つの物件を複数の相続人で共有すると、経営・運営方針で揉める原因にもなりかねません。複数を購入し、各相続人が単独の所有権で相続できるようにしておくのが理想的でしょう。

一方、法人で収益物件を持つことで自社株の評価を下げ、相続税を軽減する方法もあると述べました。第1章で触れたように、未上場かつ中小オーナー企業の株式は「類似業種比準価額方式」「純資産価額方式」およびこれらの併用方式により、株価を

会社規模の判定基準

判定基準

A	直前期末以前1年間における**従業員数**に応ずる区分						
				70人以上の会社は、大会社			
				70人未満の会社は、B、C、Dにより判定			
B	直前期末の**総資産価額**（帳簿価額）及び直前期末以前1年間における**従業員数**に応ずる区分			C	直前期末以前1年間の**取引金額**に応ずる区分		D 会社規模とLの割合（中会社）の区分
総資産価額（帳簿価額）			従業員数	取引金額			
卸売業	小売・サービス業	卸売業、小売・サービス業以外		卸売業	小売・サービス業	卸売業、小売・サービス業以外	
20億円以上	15億円以上	15億円以上	35人超	30億円以上	20億円以上	15億円以上	大会社
4億円以上20億円未満	5億円以上15億円未満	5億円以上15億円未満	35人超	7億円以上30億円未満	5億円以上20億円未満	4億円以上15億円未満	0.90（中会社）
2億円以上4億円未満	2.5億円以上5億円未満	2.5億円以上5億円未満	20人超35人以下	3.5億円以上7億円未満	2.5億円以上5億円未満	2億円以上4億円未満	0.75（中会社）
7,000万円以上2億円未満	4,000万円以上2.5億円未満	5,000万円以上2.5億円未満	5人超20人以下	2億円以上3.5億円未満	6,000万円以上2.5億円未満	8,000万円以上2億円未満	0.60（中会社）
7,000万円未満	4,000万円未満	5,000万円未満	5人以下	2億円未満	6,000万円未満	8,000万円未満	小会社

（総資産価額と従業員数）いずれか下の区分

（取引金額）いずれか上の区分

会社規模の区分に応じた評価方式の概要

会社の規模	評価方式	備考
大会社	類似業種比準価額	純資産価額でもよい
中会社の大	類似業種比準価額×90%＋純資産価額×10%	
中会社の中	類似業種比準価額×75%＋純資産価額×25%	
中会社の小	類似業種比準価額×60%＋純資産価額×40%	
小会社	純資産価額	（類似業種比準価額×50%＋純資産価額×50%）でもよい

著者作成

評価するのが決まりです。どの評価方式を採用するかは会社規模により異なります。

注目すべきポイントは、各計算式で相続税評価額を用いることです。これまで述べたように現金を収益不動産にしたり融資（負債）を活用したりして資産を圧縮し、評価減につなげることができます。結果、自社株の評価を下げられるわけです。なお、評減価償却を活用し法人・個人の利益を下げるという手法もありますが、これについては次章で詳しく解説します。

〝雪だるま戦略〟に有効なのは新築物件

ここからは、安定的にキャッシュフローを積み上げていくための要点を述べます。まず押さえておきたいのは物件のタイプ。個人で持つにしろ資産管理会社を設立するにしろ、お勧めするのは新築のアパートです。

例えば、1400万円の元手（頭金1000万円、諸経費400万円）で1億円のアパートを購入したとします。この物件のキャッシュフローが年360万円の場合、翌年に同規模の物件を買う時の元手に充当すると、自己資金は約1000万円で済みます。さらに次の年に買い増す時は、2棟の物件から720万円のキャッシュフローがあるので、自身の手出しは700万円弱。4棟目を購入する際の自己資金は約330万円です。

このように、最初の一歩を踏み出す時点では多額の自己資金を捻出しないといけませんが、キャッシュフローを積み上げていくことで、物件取得が容易になり資産を増やすことができます。私はこれを〝雪だるま戦略〟と呼んでいます。

そして、雪だるま戦略に向くのは新築物件です。同じ好立地にあるアパートなら、建物や設備が新しいほうが空室リスクを抑えやすく、新しい分だけ家賃も高く設定することができます。細かい設備については前章で述べた通りで、ゆとりのある広さやワークスペースの確保、万全なセキュリティ、加えて豊富な収納スペースなども挙げられます。誰だってそうですが、キレイで安心して住み続けられる家を好むというもの。築古に比べると長期の入居が期待でき、仮に退去しても、次の入居者も見つけやすいのがメリットです。途切れることなく家賃収入が入りやすいという点で有利であるのは言うまでもありません。

ちなみに私の会社が手掛ける自社物件の場合、雪だるま戦略に適した新築物件のポイントを、左ページの図表のように考えています。

例えば、大手メーカーのアパート1室の広さ30㎡に対して、自社物件は25㎡だとします。単純に5㎡異なると収納スペースが限られますが、そこを平面で捉えるのではなく、例えばトイレのデッドスペースに収納棚をしつらえたり、洗濯機置き場の上の空間にも洗剤などが置けるラックを作っておくなどの工夫を凝らしています。そうすることで、狭い部分を補うのです。

昨今は洗濯物を室内干しにする人が増えています。浴室乾燥機は人気の設備ですが電気代がかかり使われないケースもあるので、居室などの天井に室内物干しを設置するのも付加価値向上のための施策です。こういった優良な物件を相場と変わらない家

新築アパート比較表

	横濱コーポレーション	A社	B社	C社
売買情報				
建築エリア	神奈川県	神奈川県	神奈川県・埼玉県	神奈川県・東京都
劣化対策等級	3級	2級	3級	2級
提携金融機関	あり	無し	無し	無し
物件スペック				
専有面積	22.00㎡～35.00㎡ 1LDK物件あり	19.00㎡～35.00㎡ 1LDK物件あり	18.00㎡～19.00㎡	18.00㎡～22.00㎡
家賃保証	物件による	無し	無し	無し
管理	自社	自社	他社	自社
オートロック	あり	無し	無し	無し
キッチン	2口IHヒーター 1200mm～1500mm	2口IHヒーター 1350mm	1口IHヒーター 900mm	2口ガスコンロ 900mm
カウンターキッチン	あり	無し	無し	無し
独立洗面台	あり シャワー付き洗面台	あり	無し	あり
シューズボックス	大型シューズボックス	大型シューズボックス	小型シューズボックス	小型シューズボックス
浴室乾燥機	あり	あり	あり	あり
ピクチャーレール	あり	あり	無し	無し
室内物干し	あり	あり	あり	無し
収納棚	トイレ・洗濯機置場	無し	無し	無し
無料インターネット	標準付帯 1戸当たり1,000円 1GBシェア型	オプション 買主自らのため 費用不明 1GBシェア型	標準装備 1戸当たり1,200円前後 1GBシェア型	オプション 1戸当たり 1,500円～1,800円 1GBシェア型
宅配ボックス	オプション	オプション	無し	オプション
外壁材の厚み	16mm	15mm	15mm	15mm

著者作成

賃にすることで、空室対策にもなります。

近年は地震や豪雨など自然災害が激甚化しており、大手損害保険会社は2024年10月から住宅向け火災保険料を全国平均で約1割引き上げると発表したほどです。ハザードマップを気にする人も増えています。神奈川県は富士山が近くにあり、首都圏直下地震があると被害を免れられません。沿岸地域は津波の心配もあるでしょう。ただし、横浜のように付加価値のあるエリアは海が近くても人気が高く、むしろ山側だと田舎とほぼ変わらず空室リスクがつきまといます。河川の近くは避ける、少しでも高台の立地を選ぶなど最低限のことは考慮すべきだと考えています。

新築物件は7~10年後の売却か長期保有を見据えること

購入した新築物件は7~10年後に売却する、あるいは持ち続けることを検討します。

前者について、収益物件は経年劣化による家賃の下落、修繕リスクを避けられません。そのタイミングが訪れるのが、一般的には竣工後から7～10年とされています。仮に自身の物件にこのような兆候が見られるなら売却し、そこで得た現金を元手に新築物件を買えば問題ありません。

立地が非常によく高い稼働率が維持できているなら、長期保有する手もあります。それまでの実績や建物の状況から、どちらを選ぶか考えればよいでしょう。例えば、退去してもすぐさま次の入居者が決まるようならホールドしても構いません。一方、入居から退去までの期間が短くなった、入居者獲得のための広告費が嵩むようになった、空室期間が長くなってきたなら潮時と考えるべきです。

結局のところ、新築物件の稼ぎ時は長くて10年まで。以降は、どうしても家賃の引き下げを余儀なくされたり、設備の故障・更新も避けられなくなったりします。最長120か月ある成長期の間にキャッシュフローを得る必要があり、時間が経つにつれ空室が長期化した、広告費がかかるようになったなど収益性が低下したのであれば、売却して仕切りなおすのが賢明だと考えます。

もちろん、不動産投資の素人が適正な判断を下すのは容易でありません。そこでアドバイスを仰ぎたいのが、管理会社です。特に地域に精通した事業者なら町単位で賃貸物件の稼働率を把握しており、売るべきか持ち続けるべきかのタイミングをジャッジすることができます。地域密着の管理会社に物件の運営を任せた方が、不動産投資のパフォーマンスを最適化しやすいというわけです。

ストックを持ち金融所得を増やすのが目的

オーナー社長が設備や人材に投資し、本業の売上や自身の所得を増やしたいと考えるのは当然のこと。ですが、そのためには大切な時間や体力・精神力を削らないといけません。結果、ストレスが溜まり事業がうまくいかなくなることもあります。

それに、いくら労働所得を増やしたところで、その多くは税金として納めることになります。納税は国民の義務ですから否定しませんが、自分を資本として収入を増やすには、限界があるのではないでしょうか。

他方、収益不動産を活用すると雪だるま式に保有物件や資産が増え、時間の経過とともに残債も減っていきます。今後のインフレを考えると資産価値の向上やそれに伴うキャピタルゲインも期待できます。

かつ、資産管理会社を活用すると節税ができたり、収益物件という資産を持つことで相続税対策に備えることも可能です。融資=他人資本で始められるのも他の資産形成・運用にないメリットです。今一度、ここで不動産投資の優位性を再確認していただければと思います。

［コラム］　私がオーナー社長を辞めるまで③

1年半の修業を経てオーナー社長として独立

大手財閥系のデベロッパーを退職し、収益物件の販売などを手掛ける不動産ベンチャーに転職したのは、その後の起業を見据えたからです。同社が手掛ける、地主が土地活用のために建てたアパートを買い取りリノベーションしたうえで投資家に再販するスキームは当時画期的で、「間違いなくこれから来る」と感じました。また、私と同じく財閥系デベロッパーから独立した新進気鋭の社長は魅力的な人柄で、この方から経営ノウハウや哲学について学びたいと考えたのも理由です。当時は10人程度の社員で回していましたが、飛ぶ鳥を落とす勢いで成長しており、私を含め同社出身の経営者が、今は業界で頭角を現しています。いわば、収益不動産版のリクルートのような会社で、将来のビジョンを打ち明けたうえで入社しました。言うなれば、起業に向けた修業の場として選んだ格好です。

1年目に任されたのは、賃貸管理業務です。ベンチャー企業はもともとハードワークなので退職者も多く、気が付くと私を含め2人で1000戸ほどを担当することになりました。そして2年目は売買のセクションに異動するのですが……なんと、その後半年で私の修業期間は終わりを告げることになります。明言は避けますが、人間関係のもつれが原因です。ただし、2年間をめどに辞めて独立するつもりだったので、少し前倒しになったというのが正直なところ。かたや、起業の準備は一切しておらず、唯一決まっていたのは生まれ育った横浜で会社を興すということだけでした。

ここからが急展開で、2012年11月半ばに退職してから、法人を立ち上げたのは12月7日。わずか2週間の間にオフィスを探し法人登記などを済ませました。始めるなら早くという気持ちがあったからです。それまでに貯めた600万円を投じました。

なぜ、27歳にしてこれだけの現金を持っていたかですが、デベロッパー時代に自社の株式を買っていたからです。私が入社した頃はリーマンショック後で、数千円台だった株価は1000円を割っており、初任給で親に何かプレゼントするわけでもなく、全額を自社株買いに使いました。持ち株会を通じてだったので、少しディスカウントしてくれたのはラッキーでした。その後も自社グループの信販会社から100万円を借り、追加で購入しています。社員は低利で借りられたからですが、そんなことをしているのは同期のなかでも私だけ。新卒が大金を借りたのをおかしく思った信販会社の担当者に使途を突き止められ大目玉を食らい、翌年度からこの制度は廃止されたようです（苦笑）。以降も毎月の給与から返済して残ったお金は株式の購入費に充て、退職時に換金した時に株価は倍以上になっており、300万円くらいになりました。

残りの300万円はどうやって用立てたかというと、それが不動産投資です。不動産ベンチャー時代に横浜市内に新築アパートを1棟買っており、初任給以上のキャッシュフローを得ていました。前職時代から給与以外の収入があれば会社に依存することなく生きることができ、何かあっても安心だと思い物件を探していて、理想的な物件がようやく見つかったので銀行から30年間の融資を引き出し、大家デビューを飾ったのです。

当時は不況だったので売れ残りのアパートがあり、利回りは10％ほど。月30万円くらいは手元に残り、それをコツコツと貯めていました。私が一介の会社員かつ社会人経験が浅いにもかかわらず尖ったことができたり、アグレッシブに行動できたりしたのは、仮に職を失っても暮らしていけるくらいのキャッシュフローがあったからです。それを法人の設立費用に充てました。

オフィスとして選んだのは、横浜ランドマークタワーのレンタルオフィスです。畳1畳くらいのスペースで家賃は月12万円。なかなかの高さですが、神奈川県民どころか全国的にも、この場所を知らない人はあまりいません。圧倒的な知名度があり、会社の信用につながると思いました。社名に「横濱」を冠したのは地元を代表する企業を目指したからです。若くしての創業だったので軽んじられたらまずいと考え、老舗の2代目と思ってもらえるよう、あえて旧字体の「横濱」にしました（笑）。

創業時は銀行から融資を受けられず手元のキャッシュも限られたことから、売買の仲介から始めました。ところが、なかなか成約に至らず、最初に入金があったのは翌年の4月のこと。デベロッパー時代の同期が立て続けに中古のアパートやマンションを5棟買ってくれ、経営を軌道に乗せることができました。銀行からお金を借りられるようになったのは創業から3年目を迎えた頃で、ここからようやく土地を仕入れ自社物件の開発・販売を始めることができました。

その後の成長は右肩上がりで、6年目を迎える頃には県内で最も新築アパートを建築・販売するまでに。比例して売り上げも上昇し、初年度の4億円から4年目で10億円、6年目には50億円に迫りました。創業当初に目標として掲げていた、倍々での成長を実現することができました。5年目は私ともう1人の社員で年間100棟以上を売り、これが最高記録です。ただし多忙を極めたので今はペースを落とし、年間で80棟くらいに抑えています。

中古物件から新築アパートの売買仲介および自社による新築物件まで事業領域を拡大したのは、金融機関の融資姿勢の変化も関係しています。当初は地方銀行や外資系金融機関が中古物件に融資をしており顧客に紹介していましたが、徐々に融資金利が3％くらいに上昇し、キャッシュフローを出すには利回り10％の物件を用意する必要が出てきました。そういった物件はなかなか見つからず、新築物件の扱いを増やそうと考え仲介から始め、自社物件の扱いも始めたという背景があります。その頃になると金融機関も新築物件にフルローンを出すようになり、その流れに乗ったわけです。

新築物件に関するノウハウはなく、その道のパイオニアの方に教えを請い、茅ヶ崎市で最初の物件を建てることができました。並行して、同じく新築アパートを手掛けている不動産会社の社長も紹介してもらい、仲介にも注力するようになったという流れです。

整理すると、中古物件の売買仲介から始め、3年目以降に新築アパートの売買仲介および自社物件の取り扱いを始めたことになります。これが、成長の大きなエンジンになりました。

第4章

木造築古物件を活用し所得にかかる税を軽減する

減価償却の仕組みを活用しフローを節税する

不動産投資における「フロー」とは、家賃収入から経費や税金などの運用費用やローンの返済を差し引いた純利益（キャッシュ）のことを指します。不動産投資では、利益や費用の支払いなど、物件運営に関するコストはすべて家賃収入から生み出されているのが特徴です。ただし言い換えると、利益が残る物件を持たないと、フローは一向に増えていかないということになります。

一方、不動産投資でフローが増えると課税所得も増え、法人・個人の税負担が重くなります。とりわけオーナー社長の場合、すでに本業で数千万円の収入を得ていることがあり、繰り返しになりますが、これに不動産投資のキャッシュフローが加わると所得税の税率が45％に達し、住民税10％を足すと最高税率の55％に……。これでは、老後に向けた個人資産作りが疎かになったり、子どもの教育費や一家団欒の時間を過ごすために十分なお金が回せなくなる恐れがあります。労力に見合わないと、日々のモチベーションが低下するかもしれません。

そこで考えたいのが、収益不動産を活用した法人の事業所得・個人の所得に対する税金の軽減です。第1章でも触れましたが、具体的には減価償却を使った税金対策がこれにあたります。

対象となるのは、比較的利益を得ている法人・個人です。例えば個人であれば、年間の課税所得が1800万円以上~4000万円未満で所得税率は40%になるので、収益不動産の減価償却を活用した所得の圧縮、および納税額の軽減を検討すべきでしょう。

法人で行う場合も基本的な流れは変わりませんが、注意したいのは定款に「不動産の賃貸保有」の文言を入れておくことです。この場合は本業の売上・利益と収益物件の利益を合算することができ、減価償却による事業所得の圧縮ができます。対して定款に入れていないと特別損益として計上する必要があります。この場合、本業と別扱いになるので金融機関からの見られ方が大きく変わり、不動産投資を本業に加えたほうが「事業がうまくいっている」とみなされるのです。

オーナー社長は減価償却についてご存じでしょうが、改めて解説します。

減価償却とは、法人・個人が取得した減価償却資産を、取得した年度に費用として一括計上するのではなく、法定耐用年数に割り振って費用計上することです。対象となるのは法人・個人の業務に関わる建物とその付帯設備、車両、機械装置、器具備品といった資産です。これらは1年で使い切るものではなく、何年にもわたり使い利益に寄与します。また、年数の経過とともに少しずつ価値を失っていくのも特徴です。したがって、税法上では定められた年数に分けて経費計上するように定められています。

不動産投資で減価償却の対象になるのは、建物と付帯設備です。これらは築年数に応じて老朽化が進み、資産価値が失われていくからです。経年により価値が下がるとされない土地は対象外となります。この点は注意しないといけません。

建物・付帯設備の法定耐用年数

	構造・用途	法定耐用年数
建物	鉄骨鉄筋コンクリート造（SRC造） 鉄筋コンクリート造（RC造）	47年
	鉄骨造	34年
	軽量鉄骨造	19年
	木造	22年
付帯設備	アーケード・日よけ設備（金属鉄）	15年
	電気設備（蓄電池電源設備）	6年
	給排水・衛生設備・ガス設備	15年
	自動車（小型車　総排気量0.66リットル以下）	4年
	貨物自動車（ダンプ式のもの）	4年
	貨物自動車（その他）	5年
	報道通信用のもの	5年
	自転車	2年
	リヤカー	4年

出典：国税庁　耐用年数　建物／建物附属設備

老朽化のスピードは建物の構造により異なるため、法定耐用年数は前ページの表のように定められています。

建物価格が5000万円の新築物件で考えましょう。1年あたりの減価償却費は鉄筋コンクリート造なら「5000万円÷47≒106万円」に対して、木造は「5000万円÷22年≒227万円」です。RC造の建物は老朽化しづらいので法定耐用年数が47年と長く、一年あたりの減価償却費は木造に比べると小さくなります。よって、収益物件で節税効果を得るためには、一年あたりの減価償却費が大きい物件を選ぶことがポイントです。

なお、対象物件が新築の場合、法定耐用年数がそのまま減価償却期間となります。一方、築古の場合は、以下の公式で減価償却期間を算出します。

減価償却期間＝(法定耐用年数－築年数)＋経過年数×20％

例えば、築5年の木造アパートの場合、減価償却期間は「(22年－5年)＋5年×20%＝18年」となります。すなわち、中古物件であれば新築よりも減価償却期間が短くなり、1年あたりの減価償却費を大きくすることが可能です。

さらに押さえておくべきは、築年数が法定耐用年数を超えている物件の減価償却期間についてです。この場合は法定耐用年数に一律20%をかけて計算しますが、築23年の木造物件なら、「22年×20%＝4年」。短期間での償却が可能になり、大きな節税効果が期待できるのです。

ここからわかるのは、収益物件を活用した節税に向くのは「課税所得が高い、かつ築古木造物件」の組み合わせ。スピード償却により不動産所得で会計上の赤字を計上し、これを本業の所得と相殺し所得を圧縮するからです。よって、減価償却費を大きく取れる法定耐用年数を超えた木造物件が適しています。

減価償却のメリットは、経費として計上しますが、実際の支出を伴わない便宜上の経費で会計上の赤字を作り、本業の所得と相殺し損益通算できる点です。大多数の経費は経費計上できたとしてもキャッシュも流出するので、手取りを増やす効果は期待できません。これが他の経費と大きく異なる点であり、積極的に活用すべき理由です。

簡単な事例で理解を深めましょう。例えば、築25年の木造アパートを1億円（建物価格5000万円、利回り7％）で購入したとします。この場合だと、会計上の収支は次の通りです。

年間家賃収入：700万円
諸経費（管理費、固定資産税など）：▲110万円
借入返済（元本＋金利）：▲400万円（元本250万円・金利150万円）
キャッシュフロー（手残り）：190万円
減価償却費：▲1250万円
会計上の収支：▲810万円

ポイントは、実際は年190万円のキャッシュフローがあるにもかかわらず、会計上は810万円の赤字だということです。これを本業の課税所得と損益通算すると所得税率を下げることができ、最終的に納める税金を軽減させることができます。オーナー社長の個人名義で収益物件を購入すると個人の節税ができるのは、こういったスキームがあるからです。

一方、本業で経営する法人名義で、事業用不動産を購入する方法も考えられます。個人と同じく木造の築古物件を所有し減価償却費を計上することで事業所得を圧縮し、法人税の納税額を抑えることが可能です。

先ほどの事例を法人に当てはめて、その効果を考えましょう。当該物件を法人で購入すると年810万円の損金を計上できることになります。日本の法人税などの実効税率は約33%ですから、「810万円×33%≒267万円」。つまり、減価償却費を計上することで、4年間にわたりこれだけの節税効果を得られるのです。実際は年190万円のキャッシュフローがあるにもかかわらず、会計上の赤字で法人税額を抑える

築25年のアパートを1億円（建物価格5000万円、利回り7%）で購入した場合

年間家賃収入	700万円
諸経費（管理費、固定資産税など）	▲110万円
借入返済（元本＋金利）	▲400万円 （元本250万円・金利150万円）
キャッシュフロー（手残り）	190万円
減価償却費	1250万円
会計上の収支	▲810万円

ことができました。

ただし正確に述べると、このスキームで得られるのは節税効果ではなく、納税の先送り（繰り延べ）効果です。というのも、減価償却により毎年の簿価は小さくなりますが、最終的に物件を売却すると、売却益に対して課税されるからです。減価償却期間中の納税負担を抑えることはできますが、出口を迎えると利益に対する納税義務が生じます。しかしながら、納税を先送りすることで手元にキャッシュは残り、今後の経営リスクに備えることができます。

課税所得が低いならフローの節税よりも安定収益を考える

繰り返しますが、収益物件を活用した節税に向くのは、課税所得が高い個人・法人です。とりわけ個人に対する効果は大きく、タックスコントロールの一手段として実践すべきだと私は考えています。

反対に課税所得が少ないなら得られる節税効果は限られ、あまり意味がありません。それならば、安定的な家賃収入が期待できる新築物件を購入したほうがよいでしょう。個人の収入は増えますし、法人で所有すると事業が落ち込んだとしても継続的な家賃収入が売上・利益を補填し、不動産の売却によりまとまった資金を確保することもできます。

減価償却を活用した節税を継続的に行うには、木造築古物件の購入と売却を繰り返す必要があります。先述したように、減価償却期間は法律により定められており、それを超えて持っていると節税効果が得られなくなるからです。好立地の物件ならまだしも、あまり条件のよくない物件だと家賃引き下げや修繕といったリスクが高まります。「いずれ解体して新築アパートを建てる」「将来的には本社ビルや自宅の土地として活用したい」といった明確な理由があるならともかく、そうでないなら次の木造築古物件に入れ替えましょう。これを繰り返すことで、継続した節税が可能です。

キャッシュフローや節税、売却益を使った〝わらしべ長者戦略〟

一方、節税と並行しながら取り組むこととして提案したいのが、〝わらしべ長者戦略〟です。減価償却を活用した節税は物件の売却を前提としているので、保有資産の増加や安定収益の拡大につながりにくいのが難点。「納税額は減っても将来のことを考えると心もとない……」と受け止める人もいるに違いありません。

そうであるなら、保有中のキャッシュフローや節税で浮いたお金と売却益で、ストック用の物件も買い進めていくことです。1棟目が手に入れば、そこから得たキャッシュフローを2棟目に投じ、さらに1棟目・2棟目のキャッシュフローで3棟目を購入するというように、加速度的に資産規模を拡大することができます。

その際ですが、保有する物件と安定収益が増えると、次に購入できる物件の規模も大きくなっていきます。最初は中古アパートだったのが、次は新築アパート、さらにはマンションになっていくかもしれません。さらに、利回りは下がるかもしれませんが、神奈川県から多摩川を渡り、大田区や品川区などで資産価値の高い物件を購入できる可能性もあるでしょう。

不動産投資をゼロから始め、キャッシュフローを生む物件を増やしたり時に現金化し、資金力を武器に資産規模を大きくしていく。私はこれを〝わらしべ長者戦略〟と呼んでおり、フローの節税と並行して取り組んでほしいと考えています。

会社は創業するのに最も労力がかかり、ゼロから売上1億円まで持っていくのも大変なことです。ところが、3億円、5億円、10億円へのステップアップは、それまでに比べるとさほど難しくありません。私も会社を立ち上げてから最初の売上が立つまでは苦労しましたが、1億円が2億円、50億円が51億円ではなく75億円と、一気に増えていきました。不動産投資もこれと同じで、一度エンジンを回すことができると、事業のスピードは加速度的に進んでいくのです。

減価償却を活用する際の注意点

減価償却を活用した節税を実践するには、いくつか注意点があります。まずは、減価償却の対象になる建物の割合が高い収益物件でないと、高い節税効果が見出せないことです。

例えば、売買価格が1億円の築25年の木造アパートであれば、法定耐用年数をオーバーしており、年一回の建物評価では土地2000万円に対して建物は4000万円など、5：1の割合になることがあります。前にも述べたように、土地は経年で価値を下げませんが、建物は老朽化するからです。不動産の取引では土地と建物それぞれの価格で売買価格が決まるのが一般的で、築古だと土地の割合が高くなるのは、仕方がないところもあるでしょう。

ところが、そういった物件を購入すると年あたりの減価償却費が小さくなり、高い買い物をしたにもかかわらず節税メリットが享受できなくなるのです。基本的には、価格に対して建物割合が高い物件を選ばないといけません。

なお、売主と買主の双方が合意のもと契約を交わす場合、土地と建物を5：5くらいの割合にすることはできます。かつその旨を売買契約書に明記しておくと減価償却費として計上できます。購入時は必ず確かめておき、建物割合が低いなら仲介業者や売主に相談・交渉するのも手でしょう。

一方、売主からすると比率の調整は面倒な作業であり、応じたくない気持ちも働きます。人気物件ならなおさらで、複数名から打診が入れば面倒なことを言わない人を優先するかもしれません。なかなか買い手がつかない物件なら応じる可能性もありますが、立地が良くない、空室が多い、設備の老朽化が激しいなど不人気の理由があるので、買い手は用心する必要があります。

なお、私の会社のように収益物件を専門に扱う会社であれば、自社で不動産を購入し土地建物比率を最適化したうえで販売するので、投資家側も安心でしょう。

売却は5年以上のスパンで考える

また、築古が節税に向くとはいえ、築30~40年の物件は、あまりお勧めできません。実際、私の会社が扱うのは築30年未満です。それは、築30年の物件を買い、4年の償却期間を終え、5年後に売却すると、築35年に達することになります。こうなると、大規模修繕をしないと買い手がなかなか見つからず、コスト負担や手間が増すだけです。なかには築40年超の物件を持っている人もいますが、保有中に建物・設備が故障する恐れもあります。よって、売却時の築年数が30年未満、どれだけ古くても築35年になるような物件を買ってもらうようにしています。

ならば、4年目を迎えた時点で売却すればよいという考え方もありますが、それはそれで問題があります。というのは、保有期間5年未満の物件を売却すると、売却益に対して「所得税30％＋住民税9％＝合計39％」の「短期譲渡所得」が課せられるからです。対して5年以上だと「所得税15％＋住民税5％＝20％」の「長期譲渡所得」の対象になり、税率は大きく下がります。

なお、保有期間が5年以上と認められるのは、譲渡した年の1月1日時点で5年目を超えた場合です。購入後に6回目の元旦を迎えたら、税率が下がると覚えておきましょう。加えて、購入から5年を過ぎると家賃の下落も始まり、修繕リスクも高まります。そうなる手前で売却するのがコストパフォーマンスの面でも有利です。

物件はリセールバリューで選ぶこと

重要なのは、買い手が付きやすく、リセールバリューのある物件を購入しなければならないということです。安く買い叩かれるような物件は売却益が出ず、最終的な損益がマイナスになることもあり、それまでの節税メリットを帳消しにする恐れがあります。

ただし、節税目的で木造築古アパートを購入する場合は、最寄り駅からの距離にこだわりすぎる必要はありません。収益を目的に長期保有する物件なら駅から徒歩10分圏内など、自分自身もここに住んでもよいと思える物件を選ぶべきですが、徒歩20分であっても資産価値が急落しない物件であれば問題ありません。

仮に購入価格が1億円だとして、5年後の資産価値が9000万円だとすれば、1000万円しか目減りしていません。建物の価値は経年で下がりますが、土地値が担保できる不動産は下落幅を軽減できるので、そういった物件を選ぶことも肝心です。

具体的には、売却後は戸建ての建売に使えるような立地の物件がこれに当たります。神奈川県内には地価が下がりにくい戸建ての建売需要が旺盛なエリアがたくさんあるのです。アパートの解体後に戸建てが4区画入るような場所であれば、地価が目減りするリスクを避けながら買い手も見つけやすいといえるでしょう。前章で取り上げた新築の場合と、築古では土地の見極め方が異なるということです。なるべく多くの戸建てを建てられると買い手の売上も上がるので、変形地でないというのもポイントでしょう。

リセールバリューを担保するという点では、保有中の運営・管理も深く関係します。適切に管理されていないと老朽化が進み、設備も故障しやすくなります。安心して物件を任せられる管理会社選びが大切なのは、出口時にも影響するからです。

大手ハウスメーカーの物件であることも、売却のしやすさや価格に直結します。資金力があるので質が高く丁寧に建てられており、コスト削減のための手抜き工事もほとんどありません。信用力もあるので、資産価値が保ちやすいというメリットがあります。実際、私の会社ではこういったメーカーから中古物件を仕入れています。誰が建てたのか、どういった管理がなされてきたかは見落としてはならず、例えば競売・差し押さえ物件は適切なケアをしていないケースがほとんどです。安かろう悪かろうなので、あえて手を出しません。

単身者向けのワンルームではなくファミリータイプの物件を選ぶのもポイントです。例えば、1部屋20㎡で10所帯のワンルームアパート、同50㎡で4所帯のファミリー向けアパートがあるとします。こういった物件が竣工から20〜25年経過すると、家賃はエリアの最低水準まで下落することがほとんどです。家賃収入はワンルームが月5万円なら合計50万円、ファミリータイプが月6万円なら合計24万円となります。見た目の家賃収入はワンルームの方が多いのですが、利回りが同じ7％であれば、ファミリータイプの方が断然土地は広いはずです。仮に建物の敷地面積は同じとしても、後者には十分な駐車場スペースが用意されているなど、収益性は低くても土地としての価値は高く、リセールバリューに大きく響きます。出口戦略が取りやすいので、私はあえてファミリータイプを選ぶようにしています。また、戸数が少ないと保有中の管理・修繕コストを抑えることも可能です。ランニングコストでも優位性が見いだせます。

売買契約書を必ず確認すること

節税を目的に収益不動産を購入する場合は、売買契約書を必ず確認しましょう。ここに建物割合が明記されていないと減価償却費の根拠を示すことができず、税務調査の対象になる恐れがあります。記載されていない場合は、書き添えるよう仲介業者に依頼することです。

売買契約書だけではなく、不動産鑑定士に不動産鑑定評価を依頼するのも効果的な手段です。1件当たりの価格は15万～30万円ほどで済みます。鑑定書類に土地・建物の評価額を記載してもらっておくと、十分なエビデンスとなりえます。美術品に対して、ある人は5000万円、他方は1億円の価値があるとするなど値付けが異なるように、不動産も需給によりその価値は変動します。例えば、自宅の隣地が欲しい人からすると5000万円出して買いたいとしても、必要ない人からすると半分の価値も感じないでしょう。このように、人により価値観が異なるからこそ、専門家による価値評価が重要とみなされます。税務調査に入られると痛くないところまで根掘り葉掘り調べられる可能性があり、対応の手間やストレスは計り知れません。妥当性が示せないと、基本的に過去3年間を対象に修正申告と納付に応じる必要があります。

こうした事態を避けるためにも、売買契約書や不動産鑑定書で減価償却費の根拠を残しておくことです。なお、鑑定調査には、住宅全体の劣化状況や不具合の有無を調査する「ホームインスペクション（住宅診断）」が含まれることもあり、書面を残しておくと保有中の修繕や売却時の値付けの参考として役立ちます。

安定収益目的と節税目的で不動産投資の戦略は異なる

第3章では、収益不動産から安定収益を得るための物件選びや、そこから得られる利益の節税方法を述べました。対して本章では収益不動産を活用した個人・法人の節税について解説しました。ここでわかるのは、目的に応じて購入すべき収益不動産のタイプは大きく異なるということです。それをまとめたのが左ページの表です。

安定的な収益が欲しいのに築古の物件を所有しても家賃下落や空室、修繕リスクを背負うだけ。かたや個人・法人の節税が目的なのに法定耐用年数が長いＲＣ造の新築マンションを建てても、十分な効果は得られません。それぞれに適した物件を購入し、

目的別収益不動産 フローとストック

	個人	法人
フロー（所得）	●所得税の圧縮	●法人税の圧縮
ストック（資産）	●相続税の圧縮	●自社株評価の圧縮 ●税率の差異を利用した収益不動産の長期保持

運用するのがセオリーです。

ただし、繰り返しになりますが、どちらか片方に偏る必要はありません。２つの方法を並行することで、資産の最大化を図ることができます。まずは、自分自身や会社の課題を洗い出し優先順位を定めたうえで始め、キャッシュに余裕が生まれたらもう一方にトライする。そんなプロセスで進めればよいでしょう。

［コラム］私がオーナー社長を辞めるまで④

順調だったビジネスに思いもよらぬ逆風

創業当初は苦労したものの、3年目には中古と新築を合わせて66棟、4年目には103棟の売買を扱うまでになりました。2名だった社員も10名近くまで増え、横浜ランドマークタワー内でより広いシェアオフィスにも転居することができました。借りた1室では間に合わず壁を取り払ったほどで、退去時は多額の原状回復費用がかかったのは、今でも苦い思い出になっています。なお、4年目以降は単独のオフィスになりましたが、総勢52名の社員が入るほどのスペースはありません。私はその頃から出社を必要としないテレワークのような働き方があると思っていたので、広く立派な職場はいらないと判断しました。社長室もありません。

なかには、立派なオフィスを構える会社もありますが、その分のコストは不動産価格に上乗せされ、顧客に転嫁されます。私としては低価格で質の高いアパートを供給したいので、少数精鋭かつ固定費を抑えた会社運営を目指しました。結果、目下のところ神奈川県内で収益不動産の平均利回りは6％前後のところ、7～8％で供給することができています。

サービスの一つである賃貸管理も創業当時から始めています。販売した物件を中心に任せていただき、3期目が終わるくらいまでは私自身が管理物件に足を運び、草刈りや掃除をしていました。今は賃貸管理部があり、社員が頑張って質の高い運営と管理を手掛けており、管理物件の稼働率は約98%と、高い水準を維持しています。

ただし、ビジネスは多忙を極め、元旦以外は働き続けるというハードワークぶり。ワークライフバランスとはかけ離れた環境だったことは事実です。仲介業者と仲良くしないといけない手前、会食など夜の付き合いも増えていきました。それなりの役員報酬も得ていたので、少し調子に乗っていたこともあったでしょう。この時間を本業に費やしていたら、もっと業績は伸びていたかもしれません。しかしながら、競合がひしめくなか、新築アパートを建てるのに適した土地を手に入れるためには、身体を張って飲むしかないという時代もあったわけです。休みの日以外は夜の会合があり、アルコールを口にしていたと思います。

当時のやりがいが、売上の拡大だったというのもあります。創業者だからこそ自社を成長させたいですし、数字ばかりを追いかけていました。神奈川県最大のアパート事業者になるという目標もあり、とにかくがむしゃらに働くことしか考えていなかったと思います。結果的に目標をクリアすることができ、その時は達成感を覚えました。

順調な軌跡を辿ってきた私の会社ですが、暗雲が立ち込め始めたのは2018年のことです。「はじめに」でも触れた、「かぼちゃの馬車事件」が社会問題化したことで、事業の先行きに不安を感じるようになりました。

おさらいをすると「かぼちゃの馬車」とは、ある不動産業者が企画・販売していた女性向けシェアハウスのブランドです。会社員や公務員といった個人投資家に、サブリース（家賃保証）をつけて販売していました。投資家たちは金融機関から多額の融資を受け物件を購入しましたが、事業者はわずか数年で経営破綻に陥ることに。なぜかというと、物件の立地や間取りが悪いため入居率が低く、投資家に支払う家賃が枯渇したからです。結果、賃料が入らなくなった投資家はローンの返済ができなくなり自己破産を余儀なくされ、大きな問題に発展したのです。

この事件にはいくつか問題がありました。一つは施工会社に対する高額なキックバックの要求です。これにより施工会社は建築費を上乗せせざるを得なくなり、実際の価値は6000万円ほどのシェアハウスの販売価格が、1億円を超えるようになったのです。

巨額のローン審査をクリアするため投資家の資産状況を改ざんし、金融機関はこれを知りながら黙認していたのも問題でした。通常は頭金を1割入れる必要があったにもかかわらずそれも不要にし、頭金を支払ったかのように見せかけていたことも発覚しています。事業者と金融機関が裏で手を結び不正融資を行い、投資家は資産状況に見合わないローンを背負わされることになります。自己資金からローンを返済することもできず、破産の道をたどったのも無理はありません。

この問題を受け、多くの金融機関は融資審査の厳格化に舵を切りました。融資が通りにくくなるということは、多くの在庫を抱えるわが社にとっても無関係な話ではありません。物件が売れなくなることに不安が募り、事業の継続性に疑いが生じました。

不届きな事業者の存在にも嫌気がさしていました。ある悪徳業者は売主から5000万円で物件を買い取り、買主には8000万円で販売するなど、不動産売買の中間に位置する事業者の中抜き行為が横行していたのです。そういった業者は羽振りがよく、社員旅行は海外、高級店でグルメ三昧などバブルの様相を呈しており、私にとっては信じがたいことでした。「こんなことは長続きしない」と思っていましたが、かぼちゃの馬車事件で市場が冷え込んだことで、暴利をむさぼっていた業者は次々と姿を消していったのです。

悪徳な業者が倒産するのは自業自得です。ただし、このビジネスモデルの一本足打法ではいずれ限界が訪れ、事業環境の変化にも耐えられないと強く感じました。そこで注力し始めたのが、事業の複線化です。

第5章

［応用編］

入居率100%を目指す賃貸経営のノウハウ

資産管理会社や減価償却を活用すれば、収益物件の運用による利益を圧縮できることに対する理解は深まったはずです。ただし、こうしたメリットを実現かつ継続するためには、目的に見合った物件を購入し、持続的に運用しないといけません。そのためには、自身にとって有利な条件の融資、管理会社との良好なパートナーシップの構築、さらには複数の物件を組み合わせたポートフォリオ戦略が求められます。

本章では、これら不動産投資の成否を握る要素について「借入編」「経営編」「ポートフォリオ編」の3つに分け、私の考えを交えながら要点を解説します。

【借入編】

オーナー社長こそ借入を活用すること

収益物件は規模にもよりますが新築アパートなら1億円、中古物件でも5000万〜8000万円くらいの価格はします。金融機関の融資を使い購入するのが一般的です。それを踏まえると、「いかに有利な条件で金融機関から融資を受けるか」「継続的な融資を取り付けるか」など、ファイナンス戦略が不動産投資の成否を握っているといっても過言ではありません。潤沢なキャッシュを持ち全額自己資金で購入できるオーナー社長もいるでしょうが、融資を受けた方が効率的な運用が可能で、物件の拡大や入れ替えもしやすくなります。

不動産投資は数ある投資のなかでも「他人資本（融資）」を使えるのが最大のメリットです。自己資金以上の借入で物件を購入する「レバレッジ効果」を使わない手はありません。その効果について、次のような簡易な事例で考えましょう。

例えば、借入をせず自己資金1000万円で収益物件を買った場合と、自己資金1000万円を頭金に使い1億円の収益物件を買った場合で、投資のパフォーマンスは大きく変わります。

▽ケース①：自己資金1000万円で物件を購入

物件価格：1000万円

自己資金：1000万円

年間家賃収入：70万円

利回り：7%

キャッシュフロー：56万円

自己資金に対する利回り：56万円÷1000万円＝5・6%

▽ケース②：借入を使い物件を購入

物件価格：1億円

自己資金：1000万円（借入9000万円）

年間家賃収入：700万円

利回り：7%

キャッシュフロー：240万円

自己資金に対する利回り：240万円÷1000万円＝24%

諸経費などは考慮していませんが、同じ自己資金を投じたとしても借入を使ったほうが投資効率は格段によいことがわかります。

そして、借入を使った効率の高い不動産投資ができるのは、医師をはじめとする高属性の士業、多額の資産を持つ富裕層、そして事業によりまとまった資産を持つオーナー社長です。とりわけオーナー社長は長年にわたる経営の実績があり、ある程度の資産を形成しているなら、その資金力を活かし金融機関から多くの融資を受けることが可能です。

事業を通じて金融機関と付き合いがあることもアドバンテージになります。これも重要なポイントで、銀行などの担当者は法人の業績や財務状況を把握しているので、事業継続に重大な疑義がない限り融資に応じてくれます。自身の役員報酬が多くなくても、先代からの付き合いが良い影響を与えるケースも見受けられます。非上場企業の場合、会社の信用力がオーナー社長の信用力になり、個人の融資が受けやすくなるのです。

一方、法人で物件を購入する際も、財務が健全で業績が好調なら前向きに融資に応じるでしょうし、直近の業績は振るわなくても過去の実績があり純資産が積みあがっているなら、融資を受けやすいといえます。

人件費を引き上げられないなど、厳しい懐事情に頭を悩ませているオーナー社長は少なくないでしょう。ところが、例えば東京の蒲田や大森の町工場であれば、その敷地だけで数億円の評価がつきます。土地という保有資産があるので、融資に厳しいとされる信用金庫が億単位の融資をする事例もありました。また、法人に十分な資産がなくても、オーナー社長が資産リッチであれば、それを担保に購入資金を融通するケースもあります。

高い給与所得でそれなりに金融資産のある上場企業の会社員も、融資は受けられます。ただしその相手はノンバンクなどで、使えるのもアパート経営向けのパッケージプランです。

対して中小企業のオーナー社長は「プロパーローン」と呼ばれるオーダーメイドで作る銀行の借り入れが可能で、ノンバンクに比べると融資期間や金利の面で有利なのが特徴です。

また、比較的信用力の高い上場企業の社員や公務員であっても借り入れられるお金に上限があり、高くても2億円とされています。ところがオーナー社長にそういった壁はなく、信用力や資産が伴うと5億~10億円でも借りられる可能性があります。会社員の給与が1000万円から1500万円に跳ね上がることはそうありませんが、事業は経営者次第で1000万円が2000万円、4000万円と倍々で増えることもあります。将来性を見据えて、大きな融資を受けられるのです。こういった属性を利用しない手はありません。

私の肌感覚だと、中小企業のオーナー社長であれば、過去の付き合いや取引実績にもよりますが、一つの金融機関あたり最大で10億円の融資を引き出すことは可能です。

不動産投資を目的に融資を受けるというのも、ポジティブ要因になります。というのも、本業の運転資金に対する融資は担保がないケースが多く、金融機関は貸し倒れリスクを懸念します。ところが不動産投資なら物件が担保になります。1億円を融資しても物件に6000万円の価値があれば、金融機関のリスクは実質4000万円ほど。本業より融資を通しやすいという実情もあるのです。

おそらく、読者のみなさんは地銀や信用金庫・信用組合といった地域に根差した金融機関がメインバンクであると思います。本業で融資取引があり、事業融資で滞りなく返済しているなら審査は通りやすいはずです。法人・個人に関係なく不動産投資を始める場合は、メインバンクの担当者に話を持ちかけるとよいでしょう。「本業に加えて不動産投資の2軸を考えている」と伝えると、相談にのってもらえるはずです。私の会社の顧客も、そういったケースが多くみられます。

一方、メインバンクが不動産融資に慣れていない、支店や担当者に裁量がない、あるいはノルマをすでに達成しており融資するまでもないということもあります。その場合は、メインバンクではなく、私の会社であれば付き合いのある銀行をアレンジします。付き合いがある十数行の中から、購入する物件のエリア、新築なのか中古なのか、法人・個人との相性を確かめたうえで、応じてくれそうな金融機関とマッチングする流れです。

すでに融資を受けていると、本業と異なる不動産投資で追加の借入は難しいと考えるかもしれません。ところがそうではなく、例えば3億円の融資を受け5年間で1億5000万円を返済していたら、それを理由に1億5000万円の追加融資を受けられる可能性があります。これを「折り返し融資」と呼びますが、返済実績が信用力とみなされるのです。むしろ、融資を受けたことがないのに、いきなり1000万円を貸してほしいと相談するほうが、ハードルは高くなるかもしれません。

また、不動産融資を受けておくと、本業が一時的に厳しい局面に陥った際にサポートを受けられる可能性が高まります。例えば1億円の融資を受け5年後にその半分まで返済が進んでいたとして、物件の担保評価が2000万円あれば、金融機関は余力があるとみなし運転資金として2000万円の融資に応じるケースがあります。もしくは、完済した収益物件の担保価値が7000万円あれば、その分を貸してくれることもあるでしょう。法人・個人の担保価値や返済能力・実績から総合的に判断を下すというわけです。

思うに、不動産投資に取り組んでおいて損はありません。神奈川県内にも本業で赤字を計上している中小企業はたくさんありますが、その裏では賃貸経営による収益があり、借金を返しながら数億円の利益を出しています。上場企業も同様で、本業の赤字を不動産賃貸業で補填しているところは数えればきりがありません。本業の持続性を高めるうえでも、不動産投資は有効な手立てになるということです。

かつ、賃貸経営に割く時間はわずかで、オーナー社長は毎月の家賃が入金されているかどうかチェックするくらい。その他の業務を入れても月に1時間程度で済みます。加えて、物件の所有者は法人・個人であっても、日々の経営を任せるのは管理会社です。そのコストは家賃収入の5％程度であり、低コストで賃貸経営を丸投げすることができます。所有と経営が分離しているので負担は軽く、本業が疎かになることはありません。何度も述べているように、不動産投資によるキャッシュフローがあることで、むしろ本業に集中することができます。

アフターコロナの金融事情

「はじめに」でも触れた通り、コロナ禍を経て中小企業の倒産が増えました。ゼロゼロ融資の返済負担が重くのしかかり、債務不履行になるケースが多々あったからです。倒産に至らずとも、厳しい経営環境に置かれているところも散見されます。

こうした中、銀行自らが保証する形で融資するプロパーローンに対する姿勢は、かなり慎重になっています。ただし、貸出先がないと彼らとしても困るわけで、担保性のある不動産への融資は、比較的審査が通りやすいといえるでしょう。

いずれにしても、原材料価格や人件費の高騰に対応せざるをえない一方で、価格転嫁できずに四苦八苦している中小企業が多いことは事実です。新規事業を模索しているオーナー社長にとって、不動産投資は相性がよいと理解できるのではないでしょうか。

中小企業庁は2021年から、ポストコロナ・ウィズコロナ時代の経済社会の変化に対応する中小企業に対して「事業再構築補助金」を始めました。これは、新分野展開、事業転換、業種転換、事業再編などに最大3億円を補助するという施策です。

ところが、補助金を活用しイニシャルコストは賄えたものの、ランニングコストまでカバーできなかったり、必要人材を確保できなかったりなどの理由で、撤退したところも少なからずあるようです。銀行や専門の会社を通じて同業・異業種とのM&Aにトライしても結局はうまくいかず、買収資金や仲介手数料が無駄になった事例もあります。大手企業に比べて経営資源やノウハウに欠ける中小企業が事業領域を拡大・拡充するのは、容易ではないのです。

実のところ、私も事業売却に至る過程で、医療や人材関連など、異業種のM&Aに取り組みましたが、すべて暗礁に乗り上げました。それに比べると不動産投資のハードルは低く、参入しやすいビジネスといえるでしょう。収益物件は24時間365日働いてくれますし、働き方改革とも無縁です。人にまつわる悩みがあまりなく、ストレスにさらされにくいのもメリットかもしれません。

日銀による金融政策の転換で長期金利が上昇し始めるなど、有利子負債の負担増が気になる方もいると思います。本業で価格転嫁ができない経営者の場合、それはなおさらでしょう。融資を活用する不動産投資においても返済負担が増し利回りは低下しますが、借入金の金利と投資物件の利回りの差であるイールドギャップを確保することは可能です。そのためには最低でも利回り6％以上であることが条件ですが、これをクリアし空室リスクを抑えられる物件さえ選べば、持続性のある物件運営はできます。

金融機関の選定について

不動産投資の生命線ともいえる融資は、本業で取引実績のあるメインバンクに相談するのが最善策だと述べました。ただし、金融機関の方針・姿勢によっては応じないところもあります。その場合、次の融資先をどうやって見つけるかは、私の会社のような収益物件の専門業者に頼ってください。むしろ、自身の足で探し問い合わせたところで、相手にされる可能性は極めて低いと言わざるを得ません。銀行をはじめとする金融機関は基本的に紹介でしか対応しないからです。

かたや、矛盾するかもしれませんが、新規顧客の開拓に積極的な地銀や信用金庫・信用組合もあります。首都圏や一部の大都市以外では人口減少が始まっており、経済規模の縮小は避けようもないからです。地方金融機関にとっては死活問題であり、都市部に支店を構えるところも出てきました。私は横浜市に本社を構えていますが、静岡県を地盤とする複数の金融機関と取引があり、顧客に紹介することもあります。メインバンクに断られたからと言って諦めるのではなく、我々のような専門業者のコネクションを使えば、不動産融資を受けることは不可能ではありません。

融資を受ける際は、連帯保証を外しておくこともポイントです。実需の場合は求められないことが大半ですが、収益物件に関しては金融機関により姿勢が異なり、なかには連帯保証を求められることがあります。これに応じると、何かあった場合に債務を負わないといけません。メインバンクで過去の実績がある、会社の財務余力があると外せるケースが多く、基本的にはそういった金融機関を選ぶことです。

当然のことながら、「金利」「融資期間」「融資割合」の3要素をバランスよく兼ね備えている金融機関こそ、パートナーに適しています。複数の候補があるならば、こういった基本要件に留意しながら、絞り込んでいけばよいでしょう。

例えば、融資審査が厳しい中堅地銀から多額の借入実績があり、さらに規模の小さい銀行が候補に挙がった場合、「中堅の金利は1・5%だから、1%なら融資を受けられる」と、交渉権を握ることもできます。ただし、不動産投資の初心者がうまく立ち回れるかはわかりません。そういった場合も、専門業者にご相談ください。

収益物件の購入の際は、最低でも10%の自己資金を入れるべきです。一般的な法人の自己資本率は20%以上で健全だと判断されますが、不動産でも借入比率が低いほど同様に見なされます。フルローンで本業の資金すべてを賄うことは考えられず、不動産投資も1億円の物件を自己資金なしで購入しようと考えるのは、信用の棄損につながるだけです。金融機関からすると「なぜ我々が全リスクを負うのか?」と思うでしょうし、あまりにも虫が良すぎるというもの。収益物件の運営は事業ですから、ある程度の自己資金は入れてしかるべきです。

例えば、金融資産5000万円を元手に年1棟、3年で合計3棟の物件を買い進めたいとします。各物件に投じる自己資金が1000万円なら、3年後の金融資産は2000万円になることになります。不動産投資によるキャッシュフローは得られますが、これで子どもの教育費や生活費はカバーできるのか、全体の資産ポートフォリオを把握する必要があります。実際には金融機関の担当者と相談しながら、投じる自己資金の割合を決めることになるでしょう。ただし、自己資金2割なら金利1％のところ、1割なら1・5％になるなど、条件が不利になる可能性もあります。

【経営編】物件運営のポイント

賃貸需要が旺盛なエリアに収益物件を持てば入居者に困らず、誰が運営しても結果は大きく変わりません。東京駅や横浜駅至近のオフィスビルは空室と無縁です。一方、無人駅の目の前に最新設備を備えデザイン性も優れたマンションを建て、優秀な管理会社に運営を任せたとしても、苦戦するに違いありません。

ただし、賃貸ニーズがある場所で物件を運営する場合は、管理会社の力量が入居率を左右することはあります。オーナー目線であること、さらに言えば客付け力がある管理会社をパートナーに迎えるべきです。

ここでいう客付け力とは、例えば賃貸ポータルサイトへ質の高い広告を出せているかどうかといったことを指します。基本的に賃貸会社はポータルサイトの掲載枠をグロスで購入します。この時点ではどの会社も条件は変わりません。ただし、優秀な会社は掲載画像点数が豊富であり、パノラマムービーなどポータルサイトが提供する有料オプションも採用しています。これが優先表示される要素になり、問い合わせ数や高い入居率として差が表れるのです。

また、管理業務だけではなく賃貸募集も手掛けている会社の方が、集客力は高い傾向にあります。管理専業だと高い広告費をかけて出稿する必要があり、人件費も割けず雇えるスタッフの数も限られるからです。

対して賃貸店舗を持っていると集客力は高まります。そもそも駅前の一等地に店舗を構えられること自体が、資金力の大きさを物語っています。管理＋客付けの2軸が収益源なので余裕が生まれるからこそ、質と量ともに高い水準でポータルサイトに出稿できるのも強みです。

かつて、私の会社も管理のみで客付けは賃貸会社に外注していました。それでも地域に特化していることから、稼働率は96％と高水準で推移していました。ところが、現在は賃貸店舗を県内中心に10店舗運営するようになったことで、稼働率は高い時で99・98％に達することがあります。この差は客付け機能の有無が深く関係しています。地域事情に精通していることも大事なのですが、情報の発信能力があるかどうかも、管理会社を見極めるポイントなのです。

私の場合は、稼働日数も重要指標としています。新築物件の場合、5年から10年が稼ぎ時で、以降は老朽化に伴って家賃が下がり、空室も目立つようになります。よって、10年未満の物件は1日たりとも空室を作りたくないので、新築なら建築確認が下りた時点で客付けのための営業を始めるのです。通常であれば完成の1～2か月前のところを半年前から募集をかけるので、完成と同時に入居できます。また、アパートを満室経営にするためには、法人による一括借り上げが最も効果的です。ただし、社内で稟議を通すには数か月かかるので、並行して社宅代行業者にアプローチをかけ、借り手を探してもらいます。

ここまでは新築から1回転目のことですが、退去後の2回転、3回転目でも独自のノウハウがあります。通常、退去の予告は1か月前とされていますが、私の管理会社は2か月前予告としています。時間を長くすることで、その間にオーナーと家賃などの条件、リフォームの有無、広告掲載などについて話し合う時間に余裕が生まれるうえ、早く次の募集をかけることが可能です。こうすれば、退去の当日にクリーニングを行い、その翌日には次の入居者を迎えることができ、ロスを生まずに済みます。

退去までの時間に余裕があると、次の入居者の家賃もコントロールしやすくなります。私の会社の場合、2か月前に退去の告知があった時点で、6万円だった家賃を6万3000円に引き上げ入居者募集をかけ、1か月過ぎても反応が良くなければ10000円引き下げ、それでも決まらなければ、もう1000円引き下げるなど、時間を味方につけることで物件の収益性改善に取り組んでいます。このような仕組みはオーナーにとってメリットがあり、管理を任せる理由として十分ではないでしょうか。

コラムでも述べましたが、私も複数の収益物件を持つ投資家でもあります。空室があるとストレスになりますし、同じストレスを顧客に感じてもらいたくありません。自身の体験があるからこそ、オーナー目線のサービスが作れたのだと思います。

管理については所有者自身が手掛ける自主管理もありますが、私はお勧めしません。特にオーナー社長は本業を持っており、人的リソースはそちらに集中させるべき。1億円の物件で利回りが7%なら、年間の家賃収入は700万円です。ひと月当たり60万円に対して管理手数料は5%が相場なので、それを惜しんで入居者対応や清掃などの業務を自分でするのは、あまりにも非効率的です。手間のかからない新築物件ならできなくもありませんが、何かトラブルが起きると対応に迫られ、今は現状回復についてガイドラインが定められるなど、専門的な知識も求められます。プロフェッショナルに任せた方がトータルで割に合います。

入居率を高めるポイントとして知っておきたいのは、少なくても共用部を良好な状態に保っておくこと。例えば、駐輪場に止めてある自転車のかごに一つでも空き缶が投げ込まれると、その数は次々と増えていきます。清掃に関してもそうで、汚れていると粗末に扱っても構わないと捉える入居者もいます。なかにはコスト削減のために清掃業務を省く投資家もいますが、やめておくべきです。自分が住むマンションが汚いと我慢ならないのと同じで、賃貸物件も美化が保たれていないと入居者は離れてしまいます。

稼働率が高く清掃が行き届いた物件は、売却時も有利です。例えば新築から7年経った物件を売りたいとき、次の購入希望者は各部屋だけではなく共用部の状態をチェックしますし、各部屋の稼働率も確かめます。物件の潜在能力や客付け力がわかるとリスクヘッジになるからです。そのためにも稼働率を高めるための仕組みを構築している、清掃を含めた行き届いた管理をしている会社は頼もしい存在です。

管理会社の見極め方

これまでの話を総括すると、よい管理会社の条件は次のようにまとめることができます。

・エリアでの集客力、客付け力がある
・管理業務に加え賃貸業務も手掛け、募集広告費などを低コストで出稿して客付けができる
・法や規約にのっとった契約の締結、入居者対応を徹底している
・稼働日数を高めるなどオーナー目線の運営を心掛けている

空室リスクを気にするあまりサブリース契約が必須と考える人もいますが、私はそう思いません。新築物件はポテンシャルが高く、立地や家賃設定を間違えない限り入居者に困ることはないからです。にもかかわらずサブリース契約を結ぶと、賃料の10～20％の手数料を支払わないといけません。管理会社が儲かるだけでオーナーにとってメリットはなく、それならば毎月5％の管理手数料を支払い、しっかり客付けをしてもらうほうがトータルとしてお得です。サブリースはあくまでも保険であり、優秀な管理会社と手を組めば保険にコストをかける必要はありません。

また、物件を持つエリアを絞り、管理を任せる会社を1～2社に集約するのもポイントです。例えば、1棟10戸のアパートを10棟、すなわち100戸を運営するとして、5社に分散すると1社あたりの管理戸数は20戸。それより2社に50戸ずつ管理してもらった方が競争原理が働き他のオーナーより優先度が高まり、交渉力も強くなる可能性があります。ランチェスター戦略で「同じ武器なら勝者は兵力で決まる」と述べているように、戸数の多さを武器に自身の立ち位置を強くすることも、管理会社に重要顧客と思ってもらえる要素になります。そういった点でも、不動産投資はドミナント戦略で進めたほうが有利に働きます。

管理会社を選ぶときは、経営状況についてもチェックしておきましょう。財務が良くないと集めた家賃を資金繰りに充ててオーナーに送金しないといった、トラブルに発展することがあります。「帝国データバンク」など、企業信用調査会社で調べることができるので、事前に目を通しておくことです。管理戸数や稼働率だけで管理会社の良し悪しを判断することは難しく、経営がうまくいっているかどうかも見極める必要があります。

【ポートフォリオ編】
ポートフォリオの考え方

不動産投資の持続性を高めるために大事なのは、新築もしくは木造築古の片方に偏るのではなく、税制のメリットを理解したうえで、フローとストック両方の最大化を図ることです。

そのためには、「まずは節税対策をしたい」「安定的な収益源を確保したい」といったニーズを可視化し優先順位を決め、それに見合った物件の購入から始めること。節税や家賃収入でキャッシュフローが積みあがったら、もう片方の手法にも取り掛かるというように、段階を踏んでフロー・ストックの両方を拡大していくとよいでしょう。物件は複合的に組み合わせ、蜘蛛の巣のようにするとリスクヘッジになり、節税と収益拡大という双方のメリットを享受することができます。

エリアのポートフォリオも熟考すべき点です。例えば首都圏でも神奈川県、埼玉県、千葉県といったように分散すると、複数の管理会社にまたがって契約しないといけません。また、保有物件が離れていると取引金融機関の管轄外となり、融資を受けられないことがあります。例えば、月200万円のキャッシュフローを得るには、購入価格1億円で利回り7％のアパートが8棟ほど必要です。各棟に1000万円の自己資金を入れたとしても7億円以上の借入となりますから、巨額融資に応じてくれるメインバンクの存在なしに実現することは不可能です。ならば、その金融機関の管轄エリア内に物件を集約させる必要があります。

なお、私の会社が神奈川県内を主要エリアとしつつ、大田区や品川区を加えているのは川崎市と隣接しているからです。地理的に近く、これらの面で不利益を被らないといえます。

ただし、融資先を一つの金融機関に集約することは、必ずしも正しいとは言えません。複数と取引があると競争するので、有利な条件を引き出せることもあります。目安としては、借入が3億円を超えたら新たな金融機関にアプローチをかけ交渉を進めると、既存よりも好条件になる可能性があります。さらに、そこで出た条件をメインバンクに提示すると、次の融資がうまくいくことも考えられます。

売却を繰り返しながら都心を目指す

実際に不動産投資を始めると、保有と売却を繰り返しながらフローとストックを拡大することになります。

仮に50歳の時点で1億円の物件を5棟買って、10年後に残債が半分になっているとします。この時点で収益性の低い2棟を売却して得たキャッシュで、残り3棟のローンを繰り上げ返済すると借金は軽くなります。あるいは、売却資金をもとに次は東京の物件を買うことも考えられます。神奈川県内の物件より利回りは下がったとしても資産性は高く、お金に困った時に高く売却することができます。このように、時間をかけて物件を整理したり、東京都に近づけていくことも資産基盤の強化や賃貸経営の安定につながるはずです。

［コラム］私がオーナー社長を辞めるまで⑤

事業の複線化を図るためM＆Aで異業種を買収

新規事業の創出は「かぼちゃの馬車事件」が大きな理由ですが、本業の成長も関係しています。ありがたいことに、年商は創業から4期目で10億円、5期目で20億円と倍々で伸びていましたが、このペースを保ち続けられるか疑問が湧いたのです。不動産市場は景気に左右されますから、世界的に不況が起きると、その影響を免れることはできません。ここまで育て上げた会社をなくすわけにもいかず、収益の複線化で経営をより安定させたいと考えました。

しかしながら、ゼロから事業を立ち上げるには資金や労力を要します。M＆A会社や銀行に声をかけ、売却を検討しているところを探し始めました。業界・業種は特に絞ることはなく、面白いと感じるビジネスであれば何でもよいという方針です。

M＆Aを実施したのは、新横浜駅直結のビルと医療法人、人材派遣会社などです。

医療法人の経営は、高校生の頃に祖母が倒れ、搬送先の病院で亡くなってしまった出来事に関係しています。当直の先生が診たのですが、大きな病院で腕のある医師が担当すれば助けることのできる命だったのではないか……。そんな疑問があり、一時は医師を志したほどです。結局は挫折するのですが、医療に関わる仕事に就きたい気持ちは残り、「経営者になった暁には、いつか病院経営に携わりたい」という思いを実現させました。純粋に人命にかかわる仕事に関心があったこともあります。

首都圏の最先端医療が東京圏に集中していることも要因です。私は自社を横浜を代表する企業にするのが目標であり、横浜の方たちにも最高の医療を提供する場を作りたいという思いがありました。

そこでつながったのが、新横浜のビルです。私はまだ仕事が多くなかった時期から、いろんな税理士に「こういう物件を買い取ります」と書いたファックスDMを定期的に送っていました。そうした中、東京税理士会の理事長からご紹介いただいたのが、新横浜駅直結のビルの2つ横にある土地のオーナーです。その後、親交を深める中、なんとそのオーナーが新横浜駅直結のビルの所有者であることを知りました。その方はかなり高齢でしたが後継ぎがおらず、「菅沼さんが買える範囲内の金額で売ってもいい」といってくださり、購入を決断したのです。

ただし、テナントの誘致をどうするか思案していたところ、舞い込んできたのが医療法人の案件でした。ならば、新幹線とJRの在来線が乗り入れ、地下鉄も通っている新横浜なら東京や近隣の住民はもちろん、小田原や熱海、三島といった地域の患者さんもすぐにアクセスできると考え、2017年8月にM&Aを行いました。

開業したのは循環器内科、心臓血管外科の診療を中心とした、心臓専門のクリニック。各分野のスペシャリストを招聘し、質が高く丁寧な医療機関を作るのが目的でした。

そもそも、いわゆる名医に診てもらうには大学病院に紹介してもらう必要があり、いざ足を運んでも研修医による3分診療で終わるなど、患者にとって満足度が高いとは言い切れません。そういった課題を解消するため、名医が最初から診てくれるクリニックにしたかったのです。クリニックレベルでこれほどの医療を提供すると赤字経営になりがちですが、その場合は本業の利益を分配すればよいという考えもありました。地域貢献の一環というわけです。

その後、クリニックは事業を拡大し、東京・四ツ谷でも開院しました。ところがこちらはほどなく経営不振を理由に畳むことになり、新横浜のクリニックは無償で事業譲渡しています。異業種の私が経営に参画するのはハードルが高く、医療法人の医師・職員たちからしてもオーナーとはいえ門外漢がやってきて口出しすることを嫌がったのが大きな理由です。資本関係は解消され、現在はビルオーナーとテナントの関係になりました。

残り一つの人材派遣業は、秘書専門の会社として2019年12月から経営を始めました。なぜ秘書に特化したかというと、中小企業のオーナー社長や上場企業の社長と接点を持ち、アパート経営の顧客になってもらうためです。収益物件業界には悪徳業者もいて、いきなりアパートを買ってくださいとお願いしても警戒されるだけ。ならば、人材派遣をフックに関係を持ち、不動産にもつなげたいという狙いがありました。それなりにうまくいき、名だたる会社との取引が実現しています。

ただし、このビジネスはやればやるほど面白みがなく、横浜を盛り上げたいという私の理念からも外れます。不動産投資との相乗効果も薄く、結局は1年も経ずに売却しました。

他にもインバウンドの増加を見越し、2018年に寺社に特化した民泊事業も始めました。ところが時期尚早だったので軌道に乗せられず……。2019年には、個人事業主や零細企業向けの会計ソフト会社にも出資しています。国内にいる1000万人超のフリーランスが手軽に使えるツールがあれば需要があると考えたのですが、開発がうまく進まず、残念ながら事業は停滞しています。今も株主の立場であるものの、実務や人材的な交流はほぼありません。これらはいずれもスタートアップ企業への投資ですが、ことごとく失敗に終わりました。

M&Aとスタートアップ投資から学んだのは、いまさらながら事業を成長させることの難しさです。世間では上場を果たした企業もありますが、針の穴に糸を通すほど難しく、私にそのセンスはないという現実をつきつけられました。

一方で、本業に対する思いは深まりました。特に、市場を押さえ川上から川下までコントロールしてこそビジネスはうまくいくとわかり、それを実現しているのが自分の会社だと気づくことになりました。

しかしながら、本業の先行きが不透明なことに対する不安が、これで払しょくされたわけではありません。そうしたなかで決断したのが、自身の会社の売却でした。

第6章

オーナー社長の不動産投資ケーススタディ

本章では、これまで解説した「オーナー社長のための不動産投資」のノウハウを踏まえ、私の会社で扱った顧客の事例を紹介します。「安定収益を拡大したい」「節税したい」といった目的を実現した方を厳選したので、みなさんの参考になると思います。なお、個人情報の観点から内容の一部に脚色を加えています。ご了承ください。

【事例①】将来への不安解消と資産保全を目的にアパート経営を開始 資産管理会社を設立し節税と相続対策を実現

Aさんは20代で配送業を立ち上げた起業家です。関西から横浜に移りトラック1台で事業を始め、50代となった今もさまざまな荷物を日々クライアントや消費者のもとに届けています。家庭は配偶者と、高校生から20代までの5人のお子さんがいる7人家族です。

「アパート経営を始めたい」とご相談いただいたのは7年前のこと。最初のアパートを皮切りに物件を買い進めていきました。毎月の家賃収入でキャッシュフローに余裕が生まれたので、軽貨物用と大型貨物用の2事業のうち、前者を2020年に同業の上場企業へ売却。そこで得た資金を使い不動産投資を加速させ、今は12棟のアパートを所有するに至りました。残った大型貨物事業にも投資を行い、保有するトラックは200台を超えています。現在は経営者と不動産投資家を兼業しています。

不動産投資を始めた理由は、本業の将来性に不安があったからです。人口減少が叫ばれる中、労働力不足は運送業を直撃し、この先どうなるかわかりません。また、eコマースの普及などにより軽貨物の需要は高まっていますが、大型貨物に比べると収益性の低さが際立ちます。

それならば、今後も利益が出せる大型貨物の事業に人材や設備を集中させた方が安心だと考えたそうです。

ビジネスの成功により、手にした資産を守りたいという気持ちも生まれました。ならば、先行きが不透明な軽貨物事業は売却し、かつ現金を不動産に換えた方が安定的な収益の確保、さらには将来の相続対策にもなるのではと、私にご相談いただいたのです。

提案したのは、資産管理会社の設立です。Aさん自身がオーナーの法人を5社立ち上げ、それぞれの資産管理会社名義で新築アパートを1~2棟ずつ持つよう勧めました。将来的にはお子さんたちに法人を譲る予定です。これにより、相続税対策を講じました。個人名義の収益物件を法定相続人が受け継ぐ場合、現金に比べると相続税額を抑えられますが、それでも金額は小さくありません。ところが法人の場合、例えば1億円のアパートを購入し、融資残高が9000万円の時点で相続すると純資産は1000万円なので、課税対象を大きく圧縮できます。相続対策で不動産を渡す時に法人を活用すると、このような効果が期待できるのです。

ただし純資産を圧縮するためには負債が必要となり、収益不動産を運営する資産管理会社では借入金がこれに相当します。相続発生時ではなく負債（借入残高）が多い時に生前贈与を行うと贈与税額も軽減できるので、譲渡のタイミングはしっかり検討しないといけません。

ちなみにアパート1棟から始めたAさんですが、すっかり不動産投資にハマりました。現在は東京都内のベイエリアでタワーマンションの区分投資などにも取り組んでいます。本人の節税目的に木造築古物件の活用も始めました。本業の法人でもリゾート地の保養所や一棟マンションを買うなど、資産管理会社・個人・法人それぞれで不動産投資を行い、今後も規模の拡大に取り組むとお聞きしています。本業はいずれお子さんに継がせたいそうですが、まだ若いので思案しているとのこと。あるいは、誰も運送業に合わないようなら自分がオーナー社長のうちに規模を拡大し、いずれは売却することも検討しています。

本業に心血を注いできたオーナー社長にとって、不動産投資は未知の世界。最初は怪しく怖いと捉えても仕方がありません。Aさんも興味半分疑い半分で私のもとにやってきました。ところが1棟目を購入し家賃収入を実際に手にすることで、今後も保有物件を増やせば安定的な収益が増えると実感しました。いざとなったら事業を縮少し役員報酬が減ったとしても、収益物件がその分をカバーしてくれるという安心感も抱いたといいます。

何より、収益性が悪く明るい未来を見いだせない軽貨物事業を負担に感じており、売却を決断でき肩の荷が下りたそうです。精神的なゆとりが生まれたので本業にも腰を据えて取り組むことができ、残った大型貨物事業の拡大にも成功しました。「不動産がすべての幸運を運んでくれた」とおっしゃっています。

【事例②】
本業は順調だが人材確保が厳しい零細企業不動産投資による収益拡大と節税で安心を手にする

Bさんは2013年に家庭用給湯器を販売・設置する会社を創業した方です。神奈川県内には戸建ても多いことからニーズは高く、ビジネスは順調に伸びていったようです。それに伴い社員も増やしていくのですが、力仕事かつ専門的な知識・技術も必要な仕事なので離職率は高いまま……。人が辞めると自身に負担がかかり、ストレスに悩まされる日々を送っていました。

不動産投資を始めたのは、2015年です。幸いなことにビジネスは順調で資金も十分あったので、当時の築年数が22年越えの中古アパートを法人名義で持つことに。減価償却による利益の圧縮効果はBさんの想像以上だったようで、間もなく2棟目の中古アパートをご購入いただきました。なお、これらの物件は入居者が絶えない優良物件ということもあり、減価償却期間が切れてからも持ち続けています。ここから得た利益を役員報酬に振り替えたり、社用車を購入したりして減価償却費を計上し、利益を圧縮しています。

中古物件による法人の節税効果は確かめられたので、3棟目からは資産管理会社名義で新築アパートを購入し始め、現在は法人と資産管理会社で合計10棟の物件を保有しています。すべて神奈川県内ですが、Bさんは点在している物件を本業の営業所として活用しました。近隣の住民からすると、遠方よりも近くの業者に給湯器の設置を頼んだ方がスピーディに対応してもらえると思うはずで、保有物件をプロモーションに活用したのです。

収益物件による節税と収益によりBさんの生活は安定し、多くの従業員を雇ってまで本業で稼ぐ必要はなくなりました。現在、本業の法人は配偶者と2人で運営し、あとは知人への業務委託で仕事を回しています。社員がいると多くの仕事を取る必要があり営業回りも大変でしたが、今はそういったことはしません。自分たちのペースで依頼を受けています。人件費を含む諸経費も激減したので、売上高は下がっても最終的な利益はそう変わらず、ビジネスは順調そのもの。人材にまつわるストレスから解放され、「今が最高の状態」とおっしゃっています。

時間的にも余裕が生まれたので旅行なども楽しみ、苦労を掛けた配偶者にタワーマンションの一室を4年前にプレゼントしました。私に相談がありましたが「資産価値が下がらず値上がりも期待できるのでいいのでは」とアドバイスしたことを覚えています。実際、その頃よりも価格は上がっているので、売却すると利益が出るでしょう。アパート経営を通じて不動産に対して免疫ができたので、そういう発想になったのだと思います。

そろそろ50歳を迎えるBさんですが、収益不動産で生計を立てられるので、条件がよければ本業は売却しても構わないそう。今後は不動産投資に時間とリソースを割きたいとおっしゃっています。2人のお子さんは事業を継ぐ意思はなく、本人限りで事業をたたむ予定です。

Bさんのように、家族経営の零細企業を営むオーナー社長は少なくありません。大きな売上は期待できませんが、収益不動産を持つことで利益を積み上げると事業の継続性は高まります。

また、零細企業の人材確保は極めて大変で、今後はさらに人がとれなくなっていくでしょう。ならばBさんのように頭を切り替え、従業員がいなくても構わない範囲で仕事をし、不動産で収益を補填するという考え方もあります。仮に誰かを雇ったとしても、家賃収入の一部を給与として還元することで定着率が高まるかもしれません。従業員を守るために収益不動産を活用するわけです。

年商が1500万円ほどの小さなビジネスでは、不動産投資なんてできないと思うでしょうが、そんなことはありません。工場の土地を担保にすればアパートは購入できます。製造業など土地という資産を持っているオーナー社長は、こういった手段を検討するとよいでしょう。

【事例③】高収入だが多忙を極める医師の仕事 不動産投資で収入を得てプライベートを充実

Cさんご夫婦は、ご主人が市民病院の勤務医、奥様が先代から継いだ開業医という、現在は50代を迎えた医師同士のカップルです。ご主人は日勤に加え当直もあり忙しく、地域になくてはならないクリニックを経営している奥様も休みの日以外は働きっぱなし。2人を合わせると5000万円近くの年収があるものの、プライベートの時間がないことが大きな課題でした。

私のもとに相談に訪れたのは2015年で、不動産投資による収入を確保することで、奥様の勤務日数を減らしたいというのが理由です。ただし、クリニックを閉じるわけにいかず、常勤・非常勤の医師を入れるとしても、それなりの給与やアルバイト代を支払わないといけません。奥様の労働日数が減るので、アパート経営でカバーしたいという考えもありました。

そこで提案したのが、減価償却を目的とした木造築古アパートの個人保有と、収益拡大を目的とした新築アパートを資産管理会社で保有するという二刀流の戦略です。これまでに湘南エリアを中心に、合計で10棟弱をご購入いただきました。

現在、奥様が勤務するのは週2回のみ。年収は1000万円ほどになったので、節税目的の不動産は持っていません。一方、ご主人の働き方は変わらず収入も高いままなので、定期的に物件を入れ替えています。資産管理会社で保有する物件が家賃収入を生むので生活に困ることはありません。奥様は生活にゆとりが生まれ、自分の時間を楽しんでいます。信頼できる医師に診療を任せることもでき、継いだクリニックをなくしてはならないというプレッシャーに悩むこともなくなりました。

　ご主人は仕事が好きなので日々の診療の傍ら地域医師会の役員も務めるなど、精力的に働いています。家賃収入というパラシュート機能があるので、勤務医を辞めて地域医療に貢献するなど、今後の生き方の選択肢が広がったと言います。


　医師は社会的地位が高く、高収入な職業の代表格。一方、労働集約型の仕事なので自分が現場に立ち続けないといけません。かつ、多忙を極めることでも知られています。医者の不養生とはよく言いますが、自身の健康管理を気にすることができないほどで、かといって病気になり働けなくなると収入を失います。

　じつはハイリスクでワークライフバランスからも程遠い職業だからこそ、その解決策として不動産投資が役立つのです。高収入・高属性を活かし融資を受けやすいのも強みです。医師に限らず士業の方は、こういった選択肢があることを知っていただきたい事例です。

【事例④】

M&Aで得た手持ち現金を減らしたくない豊かな暮らしと資産保全を両立させた元IT社長

Dさんは29歳の時にIT関連で起業した方。その後、35歳の時点で上場企業に20億円で売却し、FIREを果たしました。現在は売却益とそれまでにたくわえた預貯金、そして不動産賃貸業で生計を立てています。

不動産投資を始めたのは、2021年のこと。いざ巨額のお金を手にしても減っていくのは我慢ならず、何とかしたいとご相談いただきました。当時、プライベートバンクで資産運用を始め十分なリターンはあったようですが、世界的な経済状況で運用益がどうなるかわかりません。より手堅い収入源を求めていたようです。

Dさんにお勧めしたのは、資産管理会社を活用した新築アパートの経営で、これまでに5棟ご購入いただいています。地銀を紹介し、各物件の金利は0%台で35年のフルローンを活用しています。

なぜフルローンなのかというと、頭金で資産を減らしたくなかったからです。1億円の物件に2000万円の頭金を入れた場合、利回り7％の物件だと年間キャッシュフローは約360万円。税金が引かれると、頭金を回収するのに7年近くかかります。片やフルローンだと毎月の返済額が増えるので年間のキャッシュフローは240万円くらい。手残りは減りますが、元手を使っていない分、資金の回収を早められるのです。Dさんが恐れているのはキャッシュの流出でしたから、フルローンを選んだわけです。ただし、私自身は収益不動産の購入時は頭金を入れることを推奨しているので、Dさんはレアケースといえます。

なお、Dさんご自身は、現在シンガポールに移住しています。日本に比べるとハイリターンの金融商品にアクセスしやすく、税金の面でも有利だからです。マンションで暮らしながら、悠々自適な暮らしを満喫しています。いずれにしても、事業を売却しFIREした方の最大の悩みは、その後の資産の目減りです。不動産投資がその解決策の一つであるのは言うまでもありません。

［コラム］ 私がオーナー社長を辞めるまで⑥

M&Aにより事業を売却することに

事業の多角化のためM&Aやスタートアップ投資を進めましたが、思うような成果は得られませんでした。

本業に対する時間が割けなかったことで従業員との間にもすきま風が吹き、離職者が増えることに。私の会社はワンマンともいえる状態で、システム化してこなかったので、社長が不在になる時間が増えることで事業が停滞し、戸惑う社員も多かったことでしょう。大きな反省点です。

創業当時から中途採用をメインに従業員を確保してきましたが、理念の擦り合わせがしっかりできていなかったことも原因だと思います。私からすると会社を存続させたいからこそ異業種をグループに取り入れたのですが、周りからすると「社長の考えがわからない」と映ったのかもしれません。2018年から19年にかけての1年間で従業員の7割が去っていきました。

このままではいけないと思った私は原点に立ち戻り、「四方良し」という理念を明確化するよう努めました。これは近江商人の言葉「三方良し（売り手良し、買い手良し、世間良し）に「将来良し」を加えた、独自の言葉です。現在だけではなく、将来にわたり関わるすべての人たちが利益を享受し、地域社会全体が豊かになる事業を行うという思いを込めました。人材についても中途だけではなく新卒採用も始め、一から育てることで私の考えやビジネスにフィットしてもらえるようになり、今は定着するようになりました。ＤＸなどを積極的に導入し、業務のシステム化を進めています。今は私がいなくても仕事は回るようにしています。

さて、従業員が去っていた時期に話を戻します。第二の柱は育たない、社員ともうまくいかない、金融機関の融資姿勢は厳しいまま自社の在庫は売れない……。まさに八方塞がりの状況です。その頃になると個人や法人で所有する収益物件の規模も増えており、月に数百万円のキャッシュフローを得ていました。ところが、本業がうまくいかなくなると個人資産にも飛び火する恐れもあります。そこで頭をよぎったのが、事業の売却でした。

きっかけは、懇意にしていた木造アパートの建築会社が、ある上場企業に事業を売却したこと。その会社はかぼちゃの馬車事件の影響を大きく受けたようで、このまま続けていくのは厳しいと判断したそうです。社長からも「収益用のアパート販売はこの先も厳しい」という話を聞き、「菅沼さんも僕のように楽になったら」とアドバイスを受け、真剣に検討しようと思ったのです。まずは話だけでも聞いてみようとM＆A会社の紹介を受けたところ、引き合わせてくれたのが同業者の創業者兼社長でした。

この会社は埼玉県が地盤で、神奈川県は未開の地。順調に事業を伸ばしてきた私の会社に興味を持っていただいたそうです。社長とお会いして1時間ほど話をしたところ話はまとまり、その2週間後に株式を譲渡しました。

スピード売却に至った経緯は、私が1年も経たずに退職した前職が関係しています。そこの社長と買収先は同じ埼玉で事業を展開しているので、買収先の会長とも顔なじみの関係。私が去った後に「優秀な社員が辞めて困っている」と、相談を受けていたそうです。

一方、これら2社は埼玉で同じ事業を展開するライバル同士でもあります。買収先のほうが歴史は長く、近年は猛追されており危機感を覚えていました。会長は私が当時話題に挙がった元社員だと知り、グループに入れると成長のエンジンになるのではと受け止めてもらえました。また、同グループはその1年前に介護事業を大手上場企業に売却し現金化しており、新たな投資先を探していたこともあります。

私自身、当初は上場企業への売却を考えていました。ただし、組織が大きくなると意思決定のスピードが遅く、なかなか話が進まないのが難点でした。対して売却先はオーナー企業なので判断が迅速で、面談初日に前向きに考えていただきました。その後、2019年9月に株式譲渡を終え、私はオーナー社長から退きました。

- 投資による資産形成に興味がある
- 多額のキャッシュの使い道に悩んでいる
- 経営者を引退したい
- 親族への事業承継を考えている
- 税金対策の方法を探している
- 儲かる物件選びのポイントを知りたい

このようなことをお考えの方に、本書に書ききれなかった詳細なノウハウや事例をお伝えします。

※上記無料プレゼントの提供は予告なく終了する場合もございます。あらかじめご了承ください。

読者限定特典

著者・菅沼勇基に無料で不動産投資の相談ができます！

本書をお読みいただき、ありがとうございました。

不動産投資に興味を持たれた経営者の読者に、特別に著者へ無料で30分の個別相談ができる特典をご用意しました。

経営者同士だから話せるお悩み、ぜひご相談ください。


お申し込みは下記のURLかQRコードから

https://cm-group.jp/LP/41018/

［著者略歴］

菅沼勇基（すがぬま・ゆうき）

横濱コーポレーション株式会社代表取締役、株式会社アップル神奈川代表取締役。全国賃貸管理ビジネス協会関東支部役員。1985年、横浜市生まれ。横浜市立大学 国際総合科学部卒業後、住友不動産株式会社に入社し、オフィスビルの開発・運営業務、新事業の開発業務に携わる。3年後に独立し、横濱コーポレーション株式会社を設立。2019年三光ソフラン株式会社に株式譲渡。神奈川県内にアパマンショップ9店舗、賃貸管理戸数9,000戸を運営中。神奈川県を中心に不動産投資のサポートを一気通貫で行う。

また、「ランチェスター戦略」と「孫子の兵法」を実践し、売上・利益・市場シェアを拡大している。

オーナー社長《しゃちょう》のための資産《しさん》形成《けいせい》入門《にゅうもん》

2024年10月11日　初版発行

著　者　　菅沼勇基

発行者　　小早川幸一郎

発　行　　株式会社クロスメディア・パブリッシング
〒151-0051 東京都渋谷区千駄ヶ谷4-20-3 東栄神宮外苑ビル
https://www.cm-publishing.co.jp
◎本の内容に関するお問い合わせ先：TEL（03）5413-3140／FAX（03）5413-3141

発　売　　株式会社インプレス
〒101-0051 東京都千代田区神田神保町一丁目105番地
◎乱丁本・落丁本などのお問い合わせ先：FAX（03）6837-5023
service@impress.co.jp
※古書店で購入されたものについてはお取り替えできません

印刷・製本　　株式会社シナノ

ISBN978-4-295-41018-8　C2034